箴言智慧書

一天一篇，90天掌握一生的處世智慧。

盧俊義——著

謹以此書紀念台北東門基督長老教會的
廖恩賜長老、施純姃長老娘，
以及歐德堅長老、王舜琪長老，
感謝他們兩對夫婦在我牧會期間，
鼓勵我，並傾全力幫助我推動各項事工，
特別是在查經班和讀聖經寫作業的
每日靈修功課上，不遺餘力。

| 專文推薦 |

聽看覓盧牧師如何生活化〈箴言〉

林信男

　　認識盧俊義牧師的人都知道，他是很擅長講故事的基督教傳道人。無論是帶領兒童青少年活動，或主持成人聚會，他總能穿插一些生活小故事，吸引與會者側耳傾聽，成功傳達他所要告訴聽眾的信息。

　　曾經有某國中負責輔導的老師邀請他到學校，對全校師生做生活教育演講。演講當天，校長才知道他是牧師而不是什麼學者，於是校長請該老師轉達，演講時間更改為預定的一半，盧牧師也欣然接受。

　　演講沒多久，大家都聽得津津有味，最讓校長訝異的是，連一向不守規矩的所謂後段班不乖同學，也都變得安靜專注聽講。於是校長改變態度，趕快叫人遞紙條請盧牧師按原本預定講一個小時。盧牧師仍然只用半小時成功將信息傳達。盧牧師也將他講故事的天分，充分應用在帶領查經的事工上，吸引許多人從各地方紛紛加入他的查經班。

　　帶領查經班是盧牧師最投入的一項傳道工作。他經常一個星期裡開好幾個查經班，無論工作多繁重，只要一上台帶查經，盧牧師就精神百倍，樂此不疲。盧牧師會在台灣第一綜合性有聲內容平台「i聽聽」講〈箴言〉，也是出於這股帶查經班

的熱誠。盧牧師這本《箴言智慧書》就是從他在「i聽聽」的講稿集結、整理而成。

　　每個民族都有經年累月流傳下來的生活智慧，以格言的方式呈現出來。〈箴言〉這卷書，乃是將以色列民族累積數千年生活經驗所獲得的處世智慧良言加以匯整，約於距今三千前左右成書。其內容涉及各種不同年齡層與性別，涵蓋修身、齊家、事業與信仰等層面。要將這本希伯來人的古老經書說給不同文化與時代背景的現代台灣民眾聽，最好是找了解古希伯來文化，同時熟悉台灣現況的人來講解。盧牧師恰恰是最佳人選。

　　盧牧師從神學院畢業後，一路以來，不間斷帶領信徒研讀聖經。盧牧師已經快要完成帶領信徒細讀新舊約聖經66卷經書並出書。他曾先後在台灣東西南北的城鎮牧養各種不同的教會；擔任過監獄、少年感化院教誨師；主編過台灣歷史最悠久的報紙《台灣教會公報》；長期以來一直擔任和信治癌中心醫院的宗教師；他從未停止對兒童青少年的關懷，並主持策畫兒童青少年心靈成長的教材與繪本；他對弱勢族群的問題及需要，以及台灣社會的公義問題一直有一顆敏銳的心，並且像一位快槍俠，準確及時出手解決問題。

　　盧牧師的閱歷，使他能全方位了解當今台灣不同階層的生老病死及疾苦，而〈箴言〉這本智慧書也正是在探討這些問題。所以「i聽聽」有聲內容平台請盧牧師講〈箴言〉真是找對了人。

　　盧牧師以生活小故事輔助闡明〈箴言〉的經文意義，並一再引用台灣諺語與〈箴言〉的經文接軌，讓讀者感覺既生活化又接地氣。例如當經文提到「策畫在人；決斷在乎上主」以強調人要有謙卑的心、要敬畏上帝時，盧牧師就引用台灣諺語

「千算萬算，不值天一畫」；用「鴨卵卡密，嘛有縫」說明經文的「欺詐的人終必敗露」；以「做錢奴才」說明經文「倚靠財富，像秋天落葉」，最終會走到窮得只剩下錢。

　　打開這本《箴言智慧書》，你可以從頭按順序讀下去，也可隨興挑任何你想看的一段開始閱讀。每一段都可自成一格，但整本書有一個中心思想「敬天愛人」。透過書中所介紹希伯來古聖先賢的智慧良言，讀者必能開卷有益。

（本文作者為台灣神學院兼任教授、台大醫學院退休教授）

| 專文推薦 |

90天，可以用來投資什麼？

施以諾

　　如果您問一個健身教練：「90天可以用來做什麼？」他可能會回答您若規律健身，90天可以練好核心肌群；如果您問一個音樂老師：「90天可以用來做什麼？」他可能會回答您如果每天好好練琴兩個鐘頭，90天可以彈好某首曲子；如果您問一個營養師：「90天可以用來做什麼？」他可能會告訴你若好好調整飲食、建立新的飲食習慣，90天對改善體質大有幫助。

　　以上的建議都很棒！90天，是一段說長不長、說短不短的日子，如果好好利用，可以是一種很好的「投資」！我是一個精神科職能治療教授，如果您也問我：「90天可以用來做什麼？」我會建議您，找一本好書來好好讀，可以讓自己有智慧去應付人生的各種壓力與煩擾。

　　盧俊義牧師的這本書就有這樣的效果，他助我們在90天內選讀聖經中〈箴言〉的許多經典名句，甚至引述其他書卷的相關經文，來作為工作、生活、婚姻的反思；〈箴言〉是歷史上極罕見的談做人、談職場、談家庭的處世格言集，面向廣而有深度，在歷史上深受許多名人的鍾愛，閱歷豐富的盧牧師挑〈箴言〉作為本書的寫作題材，無疑是讀者們的福音。

　　許多暢銷書談《孫子兵法》、《厚黑學》等觀點在生活中的

應用，事實上，〈箴言〉的實用性絕不低於上述這些所謂的經典。本書除了以〈箴言〉為主要內容外，也談到了不少聖經其它書卷的經文，比方說「不可自行報仇，要信靠上主，他必為你伸冤」這句話，似乎跟現在「有不悅就必嗆聲」的網路文化迥異？不報仇真的划算嗎？該如何活用這句話？

本書中也提到了「充耳不聞窮人哀求的，自己求助時也無人理睬……」不知會否喚起某些對社會議題冷感的教徒心中的悸動？而關於「看見敵人遭殃不要高興；仇敵跌倒不要歡喜」這句話，顯然與當前政黨政治的氛圍很不一樣？這樣的觀念若被推廣，可以為臺灣的政治風氣帶來怎樣的轉化？

現代人身心壓力大，甚至憂鬱症已成為世界衛生組織訂定的二十一世紀影響人類的三大疾病之一，如何應對這個「壓力山大」的社會，是許多人所關切的課題；〈箴言〉中有太多的良言得以應用在這個社會中，盧俊義牧師巧妙地將之化為90天的閱讀饗宴，讓我們可以在這個詭譎的世代練出足以因應的心理素質。

現代人有句流行語叫「人生好難」！親愛的朋友，如果您常覺得人生好難，我邀請您給自己一個機會，給自己90天、每天花20分鐘看一篇本書中的內容並默想之，把時間投資在〈箴言〉的智慧上，改善自己的心靈體質，讓自己更能迎戰這世間的種種挑戰。親愛的朋友，祝福您90天後大不一樣！

（本文作者為輔大醫學院職能治療學系系主任）

| 專文推薦 |

連結經書內容和讀者內心的一座橋

唐立娟

　　看著盧牧師的《箴言智慧書》，感覺就像回到兒時坐在長輩前面，聽著大人說故事一樣，津津有味！就像書中提到：〈箴言〉這本經書每當講「父親」或「母親」、對照「兒子」的時候，是指有豐富生命經驗的長輩對年輕一代的人講話。盧牧師就像父親，在對著兒子、孫兒傳講生命的經驗。

　　藉著這本書的內容，盧牧師語重心長地交待，上一代要教導下一代，最重要的就是把智慧傳承下來，將祖先傳遞下來聽到的、看見的，用故事說出來，好讓後代子孫清楚知道上一代人的生命經歷，這樣，子孫們就會知道怎樣在艱困的環境下找到生存之道。

　　盧牧師特別安排了90天的主題，可以天天「跨、閱」這些主題，使我們的視野無邊無界。將箴言分段又組合，讓讀者的注意力來回聚焦，循著一定的節奏，逐步深入、受到澆灌。最引人入勝的是盧牧師設計的每一篇標題，真是〈箴言〉的精髓，每一篇都是人生指引；而且是每天生活所需的選擇，光看目錄就想一探究竟了。

　　吸引我去了解內容的標題有很多，例如：以色列人不願「做錢奴才」的原因、建立美好家庭的智慧、領導者最需要的事

物、聰明人絕對不會做的事、貧窮人和有錢人的相同之處、喝酒時必須注意的三件事、與左鄰右舍和諧相處的秘訣、值得學習的動物生存智慧……等等。我們可以按著〈箴言〉順序閱讀，也可以挑選自己需要或有興趣的主題來讀，收獲一定出人意外地豐富。

這是一本看似給成人閱讀的生活寶典，卻也很適合分齡的「三讀」。許多年前，曾經有一位大學校長見證分享自己家庭的經驗，他們家每天上班上學前一定全家一起讀一篇〈箴言〉，〈箴言〉共31篇，剛好一個月可以讀完一遍。他們可能在餐桌前、可能在開車前閱讀，可以輪流讀，也可以共讀。

〈箴言〉也可以「三讀」：在兒時，父母讀給孩子聽；青年時期，自己閱讀；等到年老時，再三讀。同樣一本書，隨著年齡增長、人生閱歷的增加，同樣一段經文，站在不同的高度，便能夠看到不同的視野、不同的角度，會有更多面的思考。值得一讀再讀，實在百般滋味，深有領悟。

本書中，每一篇的內容，不但有原文的解釋，還導入了現在生活的應用．令我印象深刻又觸目驚心的是講解第20章20節經文「咒罵父母的人，他的生命要像一盞燈在黑暗中熄滅」的這段文字：

作者在這裡形容得非常好，說會咒罵父母的人，就像「一盞燈」，會「在黑暗中熄滅」，意思是完全沒有任何希望可言。這「燈」字，希伯來文的原意是指「後裔」、「後代」，所以，「一盞燈」表示有後代可延續自己的生命，是象徵著宗族生命的亮光和希望。同時「一盞燈」也表示著非常微弱，需要小心保

護……除非環境有很大的改變，否則小時候遇到、看到、聽到的事物，都會在無形中塑造一個人的品格，是變得良善還是變得卑劣。這點是我們需要特別注意的。

所以，盧牧師一再提醒，生命教育也是品格教育。

這本書有個特色，因為盧牧師德高望重的年齡與歷練，加上他多年牧會的經驗，所以書中除了原文解釋，還附注了許多古今中外的典故、實例，來佐證〈箴言〉的古老智慧諺語。所以，雖然是分了90篇，但會一直翻閱不停，每一頁都有一個驚喜、一個新發現。作者搭了一座橋，來連接文字內容和讀者內心。這本書提供一個「體會的過程」，讓讀者可以打開情感的出入口。

書中提到，〈箴言〉中最常被引用的一段經文就是：「喜樂如良藥使人健康；憂愁如惡疾致人死亡。」心中會得到喜樂的原因，依照聖經的教導，就是認識了賞賜生命的主宰——上帝。讓我們回到初心，並且像所羅門王一樣，回應上帝問他想要上帝賜給他什麼，所羅門說，祈求上帝賜給他「一顆善於識別的心，能判斷是非」——但願，我們可以「專心仰賴耶和華，不可倚靠自己的聰明，在你一切所行的事上都要認定他，他必指引你的路」（箴言 3:5-6）。

（本文作者為主日學師資培訓講師）

接受召喚、堅定持守的文字工作
──追尋「智慧」的歷程

徐玫玲

　　〈箴言〉是聖經經卷中最出色的智慧書之一，被認為是所羅門王所著之書。〈箴言〉第1章7節即闡明「敬畏上主是智慧的開端」，這樣的中心思想貫串於整本〈箴言〉之中。

　　不求榮華富貴、長壽等一般人脫口而出的願望，而是向上主祈求智慧來治理人民的所羅門王，本身的心理素質已具有智慧的雛形，更因上主所賜予的智慧而聞名遐邇，還留下審判誰是嬰孩母親的智慧範例。但是，所羅門王晚年無法持守一生皆敬畏上主的原則，或許仍是有「心」，但是「身」卻不願從「心」，實在是令人警惕。

　　原因首在於，惟有知道身為人的有限，才能敬畏上主，不迷戀世間的名望，並且願意學習「智慧」這項課業。再者，智慧的追尋不是一時，也不是生命中偶然的某個感動，而是需要以強大意志力堅持一生的歷程：它是必須隨時警醒的進行式，而非回溯過往的完成式；它也是從亙古到現今社會，不會「質變」的信仰考驗。

　　盧牧師從1990年下定決心，要運用每週日的講道，以講完聖經新舊約全書為目標。從1994年出版第一本〈約翰福音〉的信息開始，幫助了許多人在信仰上的靈修及讀經時的解惑；後

來轉以查經解釋的方式，完成了一整套的《聖經釋義》。他在擔任台北東門基督長老教會牧師的期間，我從2003年左右開始固定於東門教會禮拜，因此深刻體驗到他每週日的講道，都近乎是一小時的腦力震撼。除此之外，牧師還特別強調聚會的信徒要「吃飽一點」，因此我們每週日的「brunch」（早午餐）都是「吃到很撐」。

在這詼諧的描述背後，看到盧牧師都是以預先擬好的逐字稿來講道。這讓我經常思索，是怎樣的動力驅使著他以如此嚴謹的態度來面對主日講道，面對數十年來始終堅持本於聖經的相關文字工作呢？尤其，在滑手機比看書還受歡迎的二十一世紀，怎麼會有退休的牧者，仍是堅持年輕時的志向，在無數寂寥的苦思中寫、寫、不斷地寫呢？

我在盧牧師身上觀察到，這樣的筆耕就是他身為牧者「智慧」的選擇，亦是牧師他窮盡一生追尋上主、追求「智慧」的歷程。這應該就是〈箴言〉中「敬畏上主是智慧的開端」的身與心之實踐。

盧牧師邀請我為此書寫序，實在不敢當。但在閱讀中，看到他平實的文字裡，揭示〈箴言〉中「智慧」的多樣面貌與其帶來的眾多果效，並結合對現代時事的觀點，開創古老智慧書卷的新意，使我受益良多。在此推薦給每一位：願我們不論是第幾代的基督徒，或是有多少年的信仰資歷，都能秉持敬畏上主之心，讓屬神的「智慧」引領我們的一生，特別是在這資訊紛亂的世代，回到〈箴言〉所教導的「智慧」，才是人生致勝的關鍵。

（本文作者為輔仁大學音樂學系專任教授）

Content

| 前言 |

認識〈箴言〉這本經書

　　我們可以這樣說：在每一個民族當中，必定流傳著許多「金玉良言」之類的話語，這些流傳下來的「勸世」話語，可以說是該民族主要的生命經歷，也是他們的生命寶藏。因為裡面充滿著歷代祖先生命的體驗，有這樣的體驗，累積起來就成為後代子孫認識「智慧」的根本。

　　〈箴言〉這本經書，可以說是以色列民族的「智慧」寶藏。它不僅是以色列人民家喻戶曉的格言記錄，甚至是各級學校迄今仍舊列入必修的課程，以色列人將這本經書視為一個人修身、齊家的基本教材。

　　初讀〈箴言〉這本經書，第一個感覺是好像在讀所謂的「善書」。不過，如果再仔細閱讀，一定會感受到它那相當特殊的品味。這就是〈箴言〉之所以為〈箴言〉的地方。

◆作者是所羅門王嗎？

　　〈箴言〉的一開頭就說：「大衛的兒子，以色列王所羅門的箴言。」（1:1）這句話顯然並不完全正確，因為裡面包含有「其他智言」（參考24:23-34、30:7-33）、「亞古珥的箴言」（參考30:1-6）以及「利慕伊勒王的母親對王的訓言」（參考第31章）等。而從第1章2節開始，直到第9章18節止，可說是在歌頌

智慧。

　　再者，在第25章1節這樣寫著：「以下所記的話也是所羅門王的箴言，是猶大王希西家宮廷的人抄錄的。」這樣問題就來了：如果是希西家王時代抄錄的，那是主前第八世紀末期（716-687B.C），與所羅門時代相距至少兩百二十年以上。這當中的流傳、保存，是否完好無缺，再經過整理後抄錄出來，恐怕很難確定是所羅門王原有的智慧結晶。很可能其中已經加入許多賢達人士（例如經學教師、先知、祭司、詩人等等）的智慧，也或許有外來民族的生命經驗，或是其他族群、坊間的歌謠之類的了。

　　之所以會被冠上「以色列王所羅門的箴言」這樣的字句，很可能是因為傳統上以色列人民都歌頌所羅門王是個很有智慧的君王，〈列王紀〉的作者這樣形容所羅門王：

　　　上帝賜給所羅門非凡的智慧、洞察力，和無比的理解力。所羅門的智慧超過東方人和埃及人的智慧。他比萬人都有智慧，勝過以斯拉人以探、瑪曷的兒子希幔、甲各、達大等哲人。他的名聲傳到四周各國。
　　　他作了三千句箴言和一千零五首詩歌。他講論樹木花草，從黎巴嫩的香柏樹到牆上長著的牛膝草，又談論各種飛禽、走獸、爬蟲，和魚類。世界各國的王都聽到他的智慧，都派人去聆聽他智慧的話。（列王紀上4:29-34）

　　按照這樣的描述，看來所羅門王可真的是一位精通萬事的君王。

◆這本經書的特色

希伯來文中「箴言」這個字「mashal」，通常是指兩句平行句子構成的對句或是比喻，例如：「準確的天平屬於上主；公平的法碼他所制定。」（16:11）又如：「心思邪惡的人得不到好處；言語荒謬的人常遭遇災難。」（17:20）也可能是兩句剛好成反義的句型，例如：「驕傲人有恥辱跟隨他；謙遜人有智慧陪伴他。」（11:2）又如：「喜樂如良藥使人健康；憂愁如惡疾致人死亡。」（17:22）

但有時也可能是同意義的重複句，有加強前句的作用，例如：「對明智人講一句責備的話，比責打愚昧人一百下更有功效。」（17:10）又如：「有錢人以財富為城牆，以為它又高又牢，能夠保護自己。」（18:11）「一句話表達得合宜，就像金蘋果放在銀盤中。」（25:11）這種類型的句子在第25章以後特別明顯。

「mashal」並不是單指「金句」或是所謂的「金玉良言」這類的詞句，比較特別的地方是它將以色列民族在生活上的經驗鋪陳出來，雖然是斷斷續續地，幾乎沒有完整的「故事篇」（像是第31章10至31節在歌頌「賢慧的妻子」那樣的詩歌），卻可從句中看到以色列民族平時生活中的精義。例如：第1章10節，在勸勉年輕人不要受到壞人引誘的說詞，也可當作勸勉孩子結交朋友的警語。又例如：第3章27至35節，這段話用在平時生活中，可顯出一個人與左右鄰居的關係，也可用在人際關係上。

這本經書最長的一段，是第10章1節至第22章16節。這段通常被稱為所羅門王的智慧篇，大多是以「對句」的型態出

現。特別是在第10至15章中，這樣的句型更為明顯。例如：「作惡不能使人安全；義人豎立而不動搖。」（12:3）但偶而也會出現單句，例：「留心規勸的話就是明智。」（15:31）這有可能是與之對應的對句已經遺失了。又如：「懶惰跟敗壞無異難兄難弟。」（18:9）

雖然第31章有「利慕伊勒王的母親」和「賢慧的妻子」篇，都是以女性為主要對象，但整本看來對女性仍採取「鄙視」的態度，例如第27章15節：「愛嘮叨的妻子像霪雨滴滴答答；要她安靜猶如攔阻狂風，或用手抓一把油。」類似的句子也出現在第21章9與19節，以及第25章24節。

在第30章20節也提到不貞的妻子，但就是沒有說到不忠實的丈夫。而在第21節提到連大地也不能容忍的事有四件，其中兩件竟然是「討厭的女人結婚；婢女代替主母的地位。」（23節）可是令人厭惡的男人結婚又算是什麼呢？這顯然與早期東方社會對女人的態度有關。

◆這本經書的主要題旨

〈箴言〉可分成下列幾個段落：

1. 第1章1節至第9章18節：歌頌智慧及其重要性

2. 第10章1節至第22章16節：所羅門王智慧篇（一）

3. 第22章17節至第24章22節：三十則智慧語彙

4. 第24章23至34節：其他智慧語彙（一）

5. 第25章1節至第29章27節：所羅門王智慧篇（二）

6. 第30章1至6節：亞古珥的箴言

7. 第30章7至33節：其他智慧語彙（二）

8. 第31章1至31節：利慕伊勒王的母親的智慧語錄

　　〈箴言〉作者用這句「敬畏上主是智慧的開端」（1:7、9:10）來說明這本經書的主要內涵，這也是貫穿整本經書的重要精神，就是告訴讀者：認識創造生命的上主，就是擁有智慧的主要因素。而智慧不但能使人知道怎樣避開災難，也可幫助人在患難中尋得生存的勇氣。

　　這點也可說是以色列民族在亡國之後，所得到最深刻的反省心得。他們發現一個人的生命之所以會枯萎，或是一個民族會消失、國家會滅亡，都與忘記上帝有密切的關係。因為只有心中沒有上帝的人，才會做出背離道德規範的事及傷天害理的邪惡行為。一個心中真正有上帝的人，會明白知足的可貴，也會知道誠實的重要（參考30:7-9）。

　　〈箴言〉中的智慧，不會因為時代變遷而有任何一點褪色。即使放到現代，這些智慧也能在生活中的各方面幫助我們，給予我們啟發與省思。其中蘊含的生命智慧，值得我們用一生的時間來品味、學習。

★ 本書的聖經名詞（如章名、人名等）在全書正文首次出現時，以基督新教、天主教通用譯名對照的方式呈現，以便讀者閱讀。

DAY / 01 認識上帝是智慧的基礎

> 〈箴言〉第1章1至7節
>
> 大衛的兒子，以色列王所羅門的箴言。這些箴言會使你認識智慧和訓誨，明白格言深奧的含義。它們會教導你怎樣過明智的生活，怎樣作誠實、公正、正直的人。它們會使無知的人精明，教導年輕人處事有方……敬畏上主是智慧的開端。

　　基督宗教的聖經中有一本經典叫〈箴言〉，這是傳說中被認為是以色列王所羅門（撒羅滿）所寫的智慧之書。會這樣認為，是因為聖經中有記載這樣的一則故事：

　　有天晚上，上帝在所羅門的夢境中現身，問他想要上帝賜給他什麼。所羅門說，上帝賜福給他父親大衛（達味），讓大衛可以建立一個龐大的國家。現在他繼承父親留下來這樣大的國家，自己又年輕，不知道該怎樣治理國家、人民。因此，他祈求上帝賜給他「一顆善於識別的心，能判斷是非」，好治理這個國家。

　　上帝聽了很感動，認為所羅門沒有祈求長壽、財富，也沒有祈求消滅敵人，卻祈求明辨是非的「智慧」，好公正地治理人民。因此，上帝聽所羅門王的祈禱，真的賜給他智慧。而根據聖經的記載，所羅門王的智慧遠遠「超過東方人和埃及人的智慧」，還寫了「三千句箴言和一千零五首詩歌」。後來非洲有一位名叫示巴（色巴）的女王，聽說所羅門王很有智慧，特地

帶上許多黃金和禮物，千里迢迢地去拜訪所羅門。

　　「箴言」這一詞的希伯來文，含有「比較」或「對比」的意思，譬如「明智人」的對比就是「愚蠢人」、「好人」的對比就是「壞人」等。而在希伯來文中，「智慧」一詞的意義，**高過一般所說的「知識」之層級**。它表示從祖先生活經歷中累積而傳承下來的生命智慧，可以幫助願意學習的人明白生存之道。換句話說，智慧，是可以維護個人和團體（包括了家庭、家族、部落、族群，以至於國家等）生活的規律。

　　「智慧」也包括了「辨別」、「心靈感應」、「靈巧、敏銳」、「深思熟慮」、「眼光獨到」之意。我們可以說，〈箴言〉使人「理解深奧的道理」，而這裡的「理解」，不是只停在思考的層面，而是內心真正地領悟，然後將所明白的教導付諸行動。換句話說，就是當一個人**領悟美好的事實後，就會以實際的行動去實踐出來**。

　　〈箴言〉也可以幫助人知道「怎樣過明智的生活」，知道事物的真相，不會受到誘惑而離棄規律。也因為這樣，就會知道怎樣做個「誠實、公正、正直的人」（參考2:9），意思是指不會心存狡猾、欺騙，而是知道怎樣明辨是非的人。

　　〈箴言〉還可以「使無知的人精明」，做出明智的決定，讓想要陷害他人的人露出馬腳，計謀不會得逞。若是年輕人懂得〈箴言〉，就會像個老練的人，不會衝動，知道怎樣過穩定、有規律的生活。

　　這段經文的最後提到「敬畏上主是智慧的開端」，「敬畏上主」是〈箴言〉裡一再出現的句子（參考1:29、2:5、8:13、9:10、10:27、14:2; 26; 27、15:16; 33、16:3、19:23、22:4、

23:17）。這是在表明**以真誠的態度保持和上帝之間不可分離的關係**——內心真正以上帝為生命的主宰，知道祂才是真正的創造者、守護者，且除了這位上帝之外，沒有其他任何一位神明可與之相比或是同等位階。

所謂「開端」，是表示最重要的、一切的基礎。這意思是說，一個人學會認識上帝，就開始明白生命的意義。〈箴言〉作者說，越懂得學習〈箴言〉的人，就是越有智慧的人。而不願意這樣學習的人，聽不進〈箴言〉的教導，還藐視「智慧」，結果就是判斷力下降，錯事當然也就會連連出現了。

DAY 02 為孩子戴上「品格」的華冠

〈箴言〉第1章8至9節；第2章3至5節

年輕人哪，要聽從你父親的訓誨，不可忘記你母親的教導。他們的教導，像戴上華冠，更顯出你的品格；像帶上項鍊，使你更俊美……要聽明智的訓言，明白它的意義。是的，要追求知識；要尋求領悟。要像尋求銀子一樣熱心，像搜索寶藏一樣認真。

　　〈箴言〉第1章8至9節，是長輩勸勉當晚輩的人，要聽從長輩的「訓誨」、「教導」。「年輕人」一詞是長輩對年輕一輩的稱呼，因此，這裡的「父親」和「母親」並不是專指血緣的關係，而是指有智慧者與學習者之間的關係，就如同大家熟悉的教父、教母。

　　在以色列人的規律中，家庭教育是從父母開始，特別是母親，扮演著家庭生活規律（尤其是倫理規範）的導師。這讓我想起日本的宮崎亮醫師，他加入日本醫療傳道會，要帶妻子和兩個稚齡孩子一起去非洲的奈及利亞服務。但雙方父母都極力反對，說：「你不考慮自己，也要考慮到孩子以後讀書受教育的事。」他回答說：「父母行為若正確，孩子的教育已經完成一半，其它的已經不是最重要的了。」確實是這樣，父母就是孩子學習的最好教材和範本。

　　〈箴言〉作者說聰明有智慧的父母，教導子女的內容，必定是智慧的言語，這樣的教導就像是拿著「華冠」戴在孩子或

年輕人的頭上，大家看見了，會感覺年輕一代真的很有盼望、很可靠。這裡所說的「華冠」也有另一個意思，是指人的「品格」，意思是有經過教養的舉止言談，並且**擁有正確的生命價值觀念**。

這跟我們一般說到國外留學獲得高學歷，或是經商有成就的「榮宗耀祖」不一樣，因為聖經講的「品格」帶有虔誠的宗教信仰態度，這點才是最重要的。就像〈詩篇〉（聖詠）第24篇3至4節的詩人所說，這種人是手潔心清、不發假誓的人。耶穌也說：「心地純潔的人多麼有福啊，他們要看見上帝！」（馬太／瑪竇福音5:8）換句話說：好的品格，是從誠實開始，而誠實的教育就是從家庭開始。

上一代要教導下一代，最重要的就是將誠實傳承下來。這也是〈詩篇〉第78篇的詩人所說的，他要將祖先傳遞下來所聽到的、所看見的，用故事說出來，好讓後代子孫清楚知道上一代人的生命經歷，這樣，子孫們就會知道怎樣在艱困的環境下找到生存之道。

〈箴言〉也告訴我們，要記住學習智慧的重要性，因為智慧是認識上帝的要件。當一個人真的認識了生命的主宰上帝後，心靈就會有飽足感，且會知道怎樣做出正確的判斷。〈箴言〉作者在這裡提醒大家注意一點：追求智慧，要像「尋求銀子一樣熱心，像搜索寶藏一樣認真」。詩人說過，上帝的話比金子可貴，勝過最精純的金子（參考詩篇19:10）。

這就很有意思了，追求財富，幾乎是絕大多數人努力的目標，但耶穌說的是：「你們要謹慎自守，躲避各樣的貪婪；因為一個人無論怎樣富裕，他的真生命不在乎他有多少財

產。」（路加福音12:15-16）「一個人就是贏得了全世界，卻賠上了自己的生命，有什麼益處呢？沒有！他能夠拿什麼來換回自己的生命呢？」（馬可／馬爾谷福音8:36-37）

〈箴言〉的作者在這裡很清楚告訴我們，要我們把追求財富的心力，用來追求認識上帝。因為，賞賜智慧的是上帝，知識和領悟是從上帝來的，而上帝會保護誠實、端正的人，就像所羅門王向上帝祈求智慧，他就會知道怎樣治理國家和人民。有了智慧，就會知道上帝才是我們生命的主人，我們所有一切都是來自祂的賞賜。

DAY 03 智慧之人的四種特質

〈箴言〉第2章9至11節

你若聽從我，就會明白什麼是誠實、公平、正直，知道什麼是你應當做的。你會成為明智的人，而知識會使你歡愉。

　　這段經文繼續說明聽從上帝話語所帶來的功效，也就是會使人變成有智慧的人，而有智慧的人會很清楚應該做的事，以及獲得生命的力量，好使自己的生命獲得保障。

　　本章一開始〈箴言〉作者就說，如果你聽從「智慧」的引導——就像前面提過的，賞賜智慧的源頭是上帝，因此，聽從智慧者的話，就如同聽從上帝的指引——這樣的人會有下列幾種特質：

1. **誠實**：這是維護社會安定的基礎，表示一個人心中沒有邪念，不會有陷害別人的惡意。誠實之人的心靈會有安寧，不會懼怕，也不需要用「發誓」來表明自己所說的話是真的。耶穌就說過：「你們說話，是，就說是，不是，就說不是；再多說便是出於那邪惡者。」（馬太福音 5:37）原因是上帝鑒察人的內心。

2. **公平**：表示沒有欺騙或欺壓，也不會虧待比自己軟弱、無力的人。這詞通常用在司法裁判的事情上，會很公平地進行審判的工作，而這是心中有上帝智慧的法官必定

會做的事，這樣的法官有足夠的智慧做出正確的判斷。
「公平」的更進一步動作，就是替受到欺壓的弱勢者伸
冤。一個有智慧的人不會在看見不義之事發生時，視而
不見、聽而不聞。

3. **正直**：表示不會冤屈別人。這說明一個心中有上帝所賜
智慧的人，會知道用正直的態度對待所有的人。就像摩
西（梅瑟）律法所說的：「不可附和多數作惡，或歪曲
正義；也不可在訴訟上偏袒窮人。」（出埃及記／出谷紀
23:2-3）

4. **知道什麼是你應當做的**：有智慧的人，會知道上帝喜愛
人們所做的事是「善」，這「善」指的是公平、正義，
以及實行不變的愛（參考彌迦書／米該亞6:8）。聖經的
教導很清楚，如果一個人自稱是上帝的兒女，卻沒有傾
全力維護公平、正義的事，那進行再多繁複的宗教禮儀
也是枉然，不會被上帝所接納（參考阿摩司書／亞毛斯
5:21-24）。先知以賽亞（依撒意亞）傳達上帝的話時這
樣說：「你們要學習公道、伸張正義，幫助受壓迫的，
保障孤兒，為寡婦辯護。」（以賽亞書1:17）

〈箴言〉作者說，若一個人內心真的有智慧，會因為做了上
述的實際行動而為自己的生命帶來「歡愉」。這「歡愉」一詞，
原本表示對「美善」的一種感受，是屬於感情上的反應。這說
出了人生命中的兩大要素：理性和感情。而真正有智慧的人，
這兩項都會獲得，且是相得益彰。

DAY **04** 知道倚靠上帝，
才是真智慧

〈箴言〉第3章1至8節

> 年輕人哪，不要忘了我的教導，要時時記住我給你的指示。我的教導會使你四季平安，延年益壽……要專心信賴上主，不可倚靠自己的聰明。無論做什麼事，都要以上主的旨意為依歸，他就會指示你走正路。

　　這段經文是強調，以真誠之心敬畏上帝，必定會帶來上帝賜福的應允。

　　以色列人將聖經的前五本經卷（從創世記到申命記）稱為「法律書」，有些基督徒喜歡稱之為「摩西五經」。希伯來文則稱之為「Torah」（妥拉），意思是「教導」和「指示」，表示一定要謹記在心的法律規則。他們認為這些法律規則和上帝的誡命一樣重要，是絕對不可疏忽的法則。

　　這「教導」和「指示」還有另外一個意思，表示「方向」，就像〈詩篇〉第119篇105節所說的，上帝的話語有如腳前的燈、路上的光，指示人生正確的方向。因此，詩人表示無論遇到什麼困境，絕對不要忘記上帝的法則（參考詩篇119:57-64）。也是因為這樣，〈箴言〉作者在這裡一開始就勸勉年輕人，一定要記住上帝所定下來的規矩、誡命。

　　很特別的是，〈箴言〉作者說遵守上帝的誡命、法律規章，就會得到上帝賞賜的福分，這種福分是上帝特別的賜福，可以

平安地在上帝賞賜居住的土地上過日子，也就是說，會得到堅強的防禦力量，不會有仇敵或是外來的力量敢來侵犯。

〈箴言〉作者特別提醒大家，要記得「專心信賴上主」，這句話在表示對上帝要存著絕對忠誠的心意，心中沒有二念。這裡的「專心」一詞很有意思，原本是指將臉面朝下，表示完全降服之意。這就像今天的基督徒在祈禱時，會將臉朝下，其實意思是相同的。因為完全降服於賞賜智慧的上帝，接下來自然會謙卑下來。所以作者說「不可倚靠自己的聰明」，這是一種謙虛的心境，不要以為靠自己的力量可以勝過所有的困境。

我就常常提醒信徒明白一件事：無論我們的科技多麼發達，若是上帝不下雨、不出陽光，也不颱風（這三項都是我們在日常生活中一定經歷過的事情），只要有一項欠缺比較久，必定會為我們的生存帶來威脅，而人類的科技卻對此無可奈何。所以，千萬不要以為人類科技有多厲害。

當人知道謙卑，在做任何事時，就會知道順著上帝的法律誡命去做，上帝就會指示這樣的人走在正確的道路上，生命的方向就不會受到誘惑而迷失了。而這樣的人，上帝會特別看顧，會讓這種人的生命有如獲得珍貴的良藥一樣，即使在生命的旅程中受到傷害，但因為身上有上帝賞賜的良藥，很快就會得到醫治而復原，不但如此，還會像台語俗話所說的：「打斷手骨，反而更強壯。」

人生的旅途中，就算有很虔誠的信仰，也不是事事都會順利，總是會遇到挫折、失敗、痛苦等生命的苦難，但這些痛苦都是給人一個警語，讓人知道自己的軟弱和有限，需要上帝的**扶持和幫助**。

　　因此，〈箴言〉作者提出一個觀念：要將這些生命苦難的際遇，當作上帝在管教孩子一樣，總是希望孩子走在正確的道路上，不會偏離，因為我們的世界、社會誘惑太多，若是沒有上帝美善的管教，以為自己有能力排除誘惑，恐怕很快就迷失了。聖經作者說上帝的管教，為的是要使人知道「謙卑」，進而遵行上帝的旨意。

DAY 05　比金銀珠寶更貴重的事物

〈箴言〉第3章13至17節

> 尋求智慧的人有福了；找到悟性的人有福了。智慧比銀子更有益處，比精金更有價值。智慧遠勝過珠寶；你所愛慕的沒有一件可以跟她相比。智慧使你長壽，也使你富貴榮華。智慧使你過愉快的生活，領你走平安的道路。

　　聖經中經常提到「有福氣」這句話，也常用來形容跟上帝關係緊密的人。大家比較熟悉的，就是耶穌帶著門徒和跟隨的民眾到山上去，教導他們有關天國的福音，就是那段很著名的「八福」：

　　一是：承認自己靈性貧乏的人多麼有福啊；他們是天國的子民！

　　二是：為罪惡悲傷的人多麼有福啊；上帝要安慰他們！

　　三是：謙和的人多麼有福啊；他們要承受上帝所應許的產業！

　　四是：渴望實行上帝旨意的人多麼有福啊；上帝要充分地滿足他們！

　　五是：以仁慈待人的人多麼有福啊；上帝也要以仁慈待他們！

　　六是：心地純潔的人多麼有福啊；他們要看見上帝！

七是：促進和平的人多麼有福啊；上帝要稱他們為兒女！

八是：為了實行上帝的旨意而受迫害的人多麼有福啊；他們是天國的子民！

耶穌只是舉出八種作為代表，他還說過哪些人是有福的呢？包括：「若對他不懷疑的人」、「跟隨他的人」，特別是門徒彼得（伯多祿），因為彼得「認出耶穌是上帝的兒子」（參考馬太福音11:6、13:16、16:17），還有「聽上帝的話且會遵守的人」、「警醒等待主人回來的僕人」、「照顧貧困的人」（參考路加福音11:28、12:38、14:14）。

說完尋求智慧的人有福氣，接下來，〈箴言〉作者用智慧與世上大多數人所追尋的貴重物品作對比，可清楚看出智慧的價值遠勝過世上所有人類所追求的一切。

這裡先說「智慧比銀子更有益處」，甚至是「比精金更有價值」。其實〈詩篇〉第19篇10節就說過，上帝的話「比金子可貴，勝過最精純的金子」，而在〈詩篇〉第119篇72節則說上帝的話「勝過世上千萬金銀」。銀子在聖經時代是很重要的貴重金屬，雖然在今天沒有像過去那樣貴重，但仍然是貴重金屬之一。黃金更是，今天許多科技產品還是需要用黃金當作材料。但在這裡，我們知道智慧比這些都還貴重。

不只是純金、純銀，〈箴言〉作者更進一步說「智慧遠勝過珠寶」，類似的話在〈約伯記〉第28章13至19節也可看到：「智慧遠超過紅寶石」，也比最好的「黃玉」更有價值，連「最純淨的金子」也不能相比。從這裡可以看出聖經作者告訴我們，智慧是上帝賞賜給人最貴重的禮物。也因為這樣，〈箴言〉

作者才會說，**你所愛慕的沒有一件可以跟「智慧」相比。**

　　除了金銀珠寶之外，接下來作者又進一步說到智慧的可貴，是會使人「長壽」，也會得到「榮華富貴」。請注意，「長壽」和「富貴榮華」都是絕大多數人所追尋的，卻都隱藏在「智慧」之中。若是一個人追求到了「長壽」，卻是愚笨、沒有智慧，那他不論是生活或是工作都一定會過得很痛苦。

　　若是一個人只有「榮華富貴」的生活，卻沒有智慧，這樣的日子就不可能長久，甚至他擁有的榮華富貴都會成為生命的負擔。這種人在我們的社會中不乏例子。因此，不用去羨慕這些，真正值得去尋找的是智慧。就像〈箴言〉作者所說的，只要有了智慧，就會得到「長壽」和「榮華富貴」。

　　再者，除了這兩項人人喜歡、追求的事物之外，作者也說有了智慧，就會使人得到「喜樂」，且有「平安」。我們可以這樣了解：有真實的平安，才會使人心中充滿著愉悅、喜樂，而這些都不是用可數的物質能兌換、獲得的。因為這些都是來自上帝的賞賜。因此，一個真正聰明的人，會傾全力去追求能獲得智慧的來源。這份智慧的來源就是上帝，**認識上帝，就會獲得智慧。**

DAY 06 智慧帶來平安穩定的生活

> 〈箴言〉第3章21至25節
>
> 年輕人哪，要持守你的智慧和見識，不要讓它們溜走……你會走在平坦的路上，不至於跌倒。你會安然躺下，一覺睡到天亮，用不著害怕。你不用擔心災難突然到來，像風暴臨到作惡的人那樣。

　　〈箴言〉這本經書就是在告訴我們一件事：人的生命相當軟弱。要倚靠人的力量保護生命，是不夠的。這也是人類有史以來共同的經驗。從過去沒有所謂現代化科技的時代，到今天科技這樣發達的環境，雖然有許多問題可以用科技的方法解決，但我們也經歷到新的科技帶來新的問題，而且問題只有更嚴重，並沒有減輕。

　　舉個最簡單的例子來說明：現代科技使整個世界的「空間」變得更小了，因此，我們有個新名詞——地球村。表面上，人和人之間的距離拉近了，幾乎就是在隔壁這麼短的距離（即使是在地球另一邊的國家發生重大事件，不出幾分鐘，我們馬上就會知道），但也因為這樣，這次的「武漢肺炎」一發生，全世界就有超過1.94億人確診，416萬人因染疫而喪失生命（2021年7月27日資料）。

　　雖然人類的生醫科技很快發明出新的疫苗，用來治療或防治這種疾病，但只要稍微細心想一下，就會知道這種疾病的發

生，並不是環境造成，而是人類的科技使然。更糟糕的，就是因為人的心思意念不好，想用生化科技當作武器，就會研發許多殘害人類身體的病菌來攻擊對方。

有一本大約是五十年前寫出來的書，書名叫《寂靜的春天》(*Silent Spring*)，作者是瑞秋・卡森（Rachel Carson）。作者瑞秋在書中特別提到，人類發明「DDT」這種農藥，確實將許多蟲子殺死了，但大家都疏忽了，鳥兒會因為找不到蟲子吃而餓死，或是吃到沾有DDT農藥的蔬菜水果的花粉而被毒死，連蜜蜂也都因為同樣的原因而死去，然後蔬菜、水果因為沒有蜜蜂、鳥兒的授粉而長不出來。

我們吃下了噴灑DDT農藥的蔬菜水果，可是這種農藥不會因為喝水而被排掉，而是會累積在我們身體裡，時間久了，身體開始產生變化，懷孕的婦女生出畸形的胎兒。土壤裡也會殘存這種恐怖的農藥，下雨時，土壤裡的農藥沉澱到地底下，影響到水的潔淨，就這樣惡性循環。表面上，我們看見科技除掉了病蟲害，事實上是科技使人類中毒更深。瑞秋博士的研究引起美國國會議員的震驚，便請她出席聽證會，她舉出許多實際研究例證，才使美國終於宣布停止這種農藥的生產。

瑞秋博士是一位虔誠的基督徒，她在這件事上表達一個很重要的觀念：做學術研究，若是沒有虔誠的心，就會使學術失去了生命意義。這間世界聞名的農藥公司名叫「孟山都」(Monsanto Company)，也是帶頭推動「玉米基因改造」的公司，被許多基督教會稱為「邪惡公司」。瑞秋博士最痛心的，是該公司聘有很多學者專家進行各種研究，但這些學者專家都沒有「持守智慧」。就像〈箴言〉作者在這裡所說的，沒

有持守智慧，就不曉得分辨事理，結果不但自己的良知失落了，研究出來的東西也破壞了生態環境，殘害許多生物和人類的生命。

瑞秋博士對抗巨無霸一般的孟山都，其實是受到很大壓力的。因為孟山都聘請的許多學者專家是某些知名學術刊物論文的審核者。所以當瑞秋博士提出她的研究報告，想要發表在這些專門學術刊物時，都被退件了。但她沒有因此氣餒，她繼續四處投稿，最後終於有一本雜誌刊登了她的研究報告，開始引起許多民眾注意。

雖然這些學者專家立刻開始撰稿攻擊她，但就像〈箴言〉作者所說的，瑞秋博士心裡一直很安穩自在，沒有因為這些猛烈的攻擊、批評就跌倒，她一點都不害怕，她逐項回應，且都有憑有據，讓民眾更加相信這些學者專家都拿了孟山都的好處。

我們看到〈箴言〉作者這樣說：一個真有智慧的人，生命中一定會有上帝的保守、看顧。不但走起路來安穩自在，晚上睡覺時也可以安然躺下去就睡得很甜，且是一覺到天亮，心裡都不會害怕。相對地，那些拿了孟山都好處的學者專家，有很多人後來都被解聘了，因為他們沒有據實報告研究會帶來的傷害，導致孟山都賠償了許多錢。

真實的智慧，就是認識賞賜生命的主宰上帝；認識祂，就和保護自己的生命一樣重要和可貴。因為心中有上帝的人，會非常清楚上帝在他的生命裡，他絕對不敢、也不想去做不誠實的事，更不可能去做孟山都那些學者專家所做的事。因此我們也可以這樣說：誠實的人，就是有智慧的人。

DAY 07　幫助鄰人，是智慧的表現

〈箴言〉第3章27至30節

要盡你的力量，向需要幫助的人行善。你現在有力量幫助鄰人，就不可叫他等到明天。不可謀害鄰人，他相信你才作你的鄰居。人家沒有傷害你，不可無故跟他爭吵。

我們常聽到一句外國人（特別是自助旅行的觀光客）用來形容台灣的話，就是台灣最美的景色，就是「人」。原因是台灣人的友善讓外國人在這裡感受到溫情，特別是每當聽到誰家發生了重大變故，一定有很多不具名的善心人士踴躍捐助，希望幫助這個家庭獲得站起來的力量。其實，台灣人會這樣做，並不是今天才開始，而是自古祖先就留下這種美好的腳跡讓我們這一代人知道，對貧困苦難的人，或是外出需要幫助的人，要伸出手給予救助。

台灣人有一句俗語「地球是圓的，相抵會著」，意思是說，總有一天，別人的遭遇，也可能會發生在我們身上。今天我們伸手幫助別人，改天當我們遇到需要幫助的情況時，別人也會伸手幫助我們。因此，有另一句話這樣說：「幫助別人，就是在幫助自己。」

〈箴言〉的作者在這裡說，當我們有力氣做好事、可以幫助有需要的人時，就不要拒絕做這種事。既然有能力做到，就不要推諉找藉口，叫別人等到明天。因為對真正需要幫助的人，

「明天」就是很大的變數，有可能因為這樣，那個真正陷入困境的人就喪失了生命。

我相信大家都曾聽過，有些年輕且是單親的父母，經濟上遇到極大困難，由於借貸無門，或是已經向親友積欠許多，後來就選擇帶著稚齡子女一起自殺身亡。每當聽到這樣的新聞，都會讓我們感到相當難過，而這種自殺的案例並不是始自今日，早在1970年代就開始了。那時，台灣社會開始邁入輕工商社會，年輕人離開農村、進入都市的越來越多，獨自生活看起來很輕鬆愉快，卻因為離鄉背井、獨自一人討生活，下班後沒有父母家人的陪伴可談心事，因此，每當急需資助卻又無門路可尋時，往往會以自殘了結生命。

這種案例每年數以千計，尤其是近年來，積欠「卡債」的案例逐年增加，其中更是以年輕人居多。有一位律師朋友告訴我，他每個月有兩天都要全天幫助積欠卡債的人，和銀行討論債務問題。協助處理這類問題都是屬於義務性質，他說每次都至少有四十名的人前來求助，此外據他所說，台北靈糧堂教會接的案例更多，達到數以百計。

1968年，台北馬偕醫院發現越來越多年輕人自殺的案例，因此，當時的羅慧夫院長親自邀請各宗教代表，在馬偕醫院成立台灣第一條「生命線」，就是為了幫助這些自覺被社會遺棄、走投無路、沒有生存下去的勇氣的人，不要自殺，打這個電話來，讓更多人可以提供幫助、想辦法。

為了讓「生命線」的電話號碼深刻印在大家心中，電信局也特別給了專線號碼「239595」，取音「尼桑，救我救我」，這「尼桑」是日語發音，意思是「先生」。後來各地紛紛成立

「生命線」，電話的末後四碼都是「9595」。

　　就像〈箴言〉作者所說的，當我們有力氣幫助人時，千萬不要縮回我們的手，而是要伸出我們的手，因為這可能就救了一個求助無門、想要自殺的人。若是這樣，我們就是救了一條生命，如同俗語所說的「救人一命，勝造七級浮屠」，意思就是，救了別人一命，就相當於憑你的功德，可以為你建造一座七層的佛塔，真是功德無量啊！

　　還有一句大家很耳熟的俗語：「遠親，不如近鄰。」少子化的時代更是如此，特別是大樓越來越多，和同棟大樓比鄰而居應該是件很有緣分的事。因此，能夠和睦相處，等於多了一個至親好友一樣。就像〈箴言〉這裡說的，不可陷害鄰居，而是要想辦法跟鄰居和睦相處。

　　摩西法律中有這樣的條文說：「要愛自己的鄰人，像愛自己一樣。」（利未／肋未記19:18）耶穌也說，愛上帝是第一條誡命，第二條就是愛鄰人如同愛自己。所謂鄰人或鄰舍，有更重要的含意，不是像猶太人只限定在猶太族群而已。耶穌希望把鄰人擴展到我們聽得到、看得到、摸得到的對象，就是我們伸手可以幫助到的對象，都是我們的鄰人。

DAY

08 以色列人的教養金鑰

〈箴言〉第4章1至4節

年輕人哪，要聽從父親的訓誨；你專心領受，就會明白。我傳授給你的教導都是好的，你都要記住。當我還是一個小孩子，是我父母疼愛的獨子，我父親就教導我說：「要記住我的話，不可忘掉。遵守我的訓誡，你就有豐富的生命。

　　前面有講過，每當〈箴言〉這本經書講「父親」或「母親」、對照「兒子」的時候，是指有豐富生命經驗的長輩對年輕一代的人講話。另外一點很重要，就是以色列人看他們整個民族和上帝的關係，就是上帝是「父親」、以色列人是「孩子」的父子關係。這跟我們的民間信仰很不一樣。因此，他們跟上帝講話，就好像孩子在跟父親講話一樣自然。

　　上一章有提到，智慧會使一個人知道伸出自己的手，表達生命的愛。在這裡，這位有智慧的長輩說出了同樣感人的話。他說自己也是父母親的「獨子」，表示在父母眼中，他是生命中最貴重的對象，因此身為父母的一定會用生命的代價來保護、疼惜，會傾全力給予庇護，使他不至於失喪、有所遺漏。

　　換句話說，這兒子是父母心中的心肝寶貝，就因為如此，才會把生命經驗中最重要的所知都告訴兒子，他提醒兒子要注意聽生命中最重要的事，就是追尋並且守護著智慧，沒有什麼可以比獲得智慧更重要。

這長輩提醒他們的心肝寶貝說，要追求智慧，因為獲得智慧第一件帶來的恩典，就是會得到「豐富的生命」。請注意，所謂「豐富的生命」，意思是生命過程中，無論遇到怎樣惡劣的狀況，也不會氣餒、失志，而是充滿著活力。再者，「豐富的生命」也是懂得滿足，也就是「知足」。當一個人知道「知足」，第一個表現出來的，就是「不貪」，而不貪的人，就會誠實。這樣的人容易被人信任，也是大家喜歡接近的對象。

知道知足的人還有一個特色，就是喜歡分享。會分享的人，生命中就會有愛，越會分享，生命越豐富，這會成為一種良性循環。關於知足和分享，以色列這個民族就有這樣的親身經驗：他們離開埃及奴隸之地後，進入曠野漂流長達四十年時間。曠野是鳥不生蛋的地方，沒有水，也沒有食物。這時候，上帝除了從磐石流出泉水給他們解渴外，也從天上降下一種特殊的食物——嗎哪。

他們這四十年就靠著撿拾嗎哪充飢過日子，從來沒有欠缺、飢餓過。原因是上帝要摩西告訴以色列人，撿拾嗎哪的時候，每個人撿拾每天所需要的量就可以。於是他們照著上帝的命令去做，結果他們發現一個很特別的情景：撿多的，沒有剩；撿少的，沒有缺。原因是撿多的，留下來的就壞了，不能吃。因此，他們會注意，看誰家有撿不夠的，若有，就把多出來的分出去。

今天在以色列這個國家，他們最誇耀的一件事就是沒有乞丐！原因是他們學會「分享」這件事。他們也從這裡學習另一件事：有乞丐，等於在羞辱上帝用祂造人時的「形像」。如果你有機會去北歐國家，注意看一下，就會發現他們也是接受這

樣的教導，賺錢比較多的人，要繳納更多稅金。大家也都很清楚，一個有智慧的人，是從誠實開始，所以會誠實報稅。因為他們知道人的生命最重要的不在於積聚多少財富，而在於豐富的生命。

DAY **09** 有智慧，
人生就不會繞遠路

〈箴言〉第4章11至14節

我已經把智慧的道路教導你，帶領你走上人生正確的途徑。你如果明智地遵守，行走的時候就不至於跌倒。要牢牢記住你所學習的；你受的教育等於你的生命。壞人走的路，你不要走；邪惡者的榜樣，你不要學。

〈箴言〉說，這位長輩一再提醒後代子孫，要記得守住智慧，因為智慧會指引你走上人生「正確的途徑」。所謂「正直的途徑」，意思是**正確、公義、公道**的路徑，不會和作惡的人所走的路徑相同，甚至會拒絕作惡的人的引誘。

人類社會的誘惑很多，聖經從一開始就說到，在美麗的伊甸園裡，也有誘惑的力量存在，那就是誘惑人離棄上帝的蛇。我常被問到為什麼是「蛇」？原因是以色列人原本是遊牧民族，搭帳棚過流浪的生活。在他們的經驗中，所有野獸中最難防範的動物，就是蛇。因為蛇會鑽入帳棚裡跟人睡在一起，當人不小心看見而大聲驚叫，原本在休息的蛇，會被大聲的驚叫聲嚇到，為了要防衛，蛇就會攻擊人。結果，人就因為被蛇咬、中毒死去了。

因此，當他們撰寫聖經時，就會用蛇當作說故事的材料，說當人處在最舒服的環境時（例如睡覺、休息時），誘惑的力量已經靜悄悄地溜進帳棚裡，和人緊緊地抱在一起了。而當人

發覺情況不對勁、醒悟過來時，都已經太慢了，不是死，就是傷得很重、生命垂危了！而誘惑者之所以會成功，就是因為說出了好聽又動人的話，這就是所謂的「甜言蜜語」。

在這段〈箴言〉中，這位智慧的長輩也一再強調一點：**一定要離開作惡的人的道路**。意思就是要閃避邪惡人所走的路，這樣才不會使我們的生命因為受到誘惑而迷失了方向。這也是為什麼〈箴言〉作者會說：「壞人走的路，你不要走；邪惡者的榜樣，你不要學。」因為一走上這條路，就出不來了。比如說，全世界家長最擔心的事，就是孩子「吸毒」，這是一件會導致人的生命迷失方向的陷阱，且是一個無底深坑，一旦接觸，就很難挽回。千萬不要有「試試看」這種心態。

1971年，我在台南神學院讀書時，學校舉辦「高雄勞工調查」。那時高雄加工出口區剛成立六年，吸引很多農村青年湧入。為了照顧在出口區工作的農村女青年，政府特地在附近蓋了一棟女工宿舍，可住四百個女工，並委託「基督教青年會」（YMCA）代為管理。

我們去訪問時，發現一個有趣的景象，就是晚餐後，在女工宿舍圍牆外面有一群男青年在那裡徘徊，我們問他們在等什麼，他們說「隨便等等」，而宿舍圍牆內則是圍著一群女工，三不五時會踮起腳往牆外看，我們問這些女工在看什麼，她們回答很有趣，說是「隨便看看」。就這樣，裡面的跟外面的互相看來看去，目光一對上，一回生、二回熟，三回就帶出去了。

都市的誘惑真的非常大，沒有多久，女工宿舍就出現不少問題，浴室、廁所都有女生暈倒在裡面，原因是流產的有之，想要自殺的有之。她們有些是被男生騙去身體，男生得手後再

也不在宿舍外等她；也有的是被誘拐吸毒，這才是最要命的一件事，因為要買毒品，只好聽從騙她吸毒的男友，出賣肉體賺錢來買毒。

離鄉背井的青年，因為缺乏長輩、親友的陪伴，在工作壓力下，很容易受到朋友花言巧語的誘惑，掉落在無底深坑的陷阱中。他們幾乎都是來自農村，過去生活非常純樸，會這麼快就被誘惑而淪落到吸毒、被賣為娼妓等，都是因為不注意而一步步地落入陷阱。吸菸，就是陷阱之一。他們會在煙草中參雜大麻，或是注入安非他命等，讓第一次學抽菸者喜歡、沉迷，而後逐漸被控制。喝酒也是一例，誘人賭博也是一樣。

這些引誘人走上歪路的人會說盡好話，聽起來都很迷人，這就是作惡的人最拿手的方式。因此，面對這種人，就算是我們認識的同事、商務來往的客戶等，一旦有誘惑的言詞出現，就要特別小心，以免自己掉入羅網而無法自拔。

DAY 10 讓智慧成為生命的行動力量

〈箴言〉第4章22至26節

因為得到它們，就是得著生命，得著健康。所思所想要謹慎，因為生命是由思想定型的。不誠實的話一句也不說；撒謊的話一句也不講。要以誠信的態度正視前面，不要垂頭喪氣。對所計畫的事要謹慎，你所做的就不至於差錯。

　　〈箴言〉作者在這裡提出一件很重要的事，就是智慧的要素與本質，是要把人的「心」、「口」、「眼」、「腳」等，這些都連貫起來，不能分開。因此，一個真正有智慧的人，會知道怎樣將這些都串連起來，成為生命的行動力量。

　　第一個要件，就是要「留心聽」。要聽什麼？這是非常重要的一件事。〈箴言〉作者一再強調要聽從上帝的話。就像聖經所說的，上帝的話會使人的「生命更新」、「使愚蠢人得智慧」、「使順從的人喜樂」、「使人的心眼明亮」、「判斷準確，始終公道」、「比金子可貴，勝過最精純的金子；比蜂蜜甘甜，勝過最純淨的蜂蜜」（參考詩篇19:7-10）。詩篇的詩人也說過，上帝的話是「導引我的燈，是我人生路上的光」（參考詩篇119:105）。

　　第二個要件，就是要「將上帝的話謹記在心中」。在留心聽了上帝的話之後，這是非常重要的一件事，因為若是聽了上帝的話，卻沒有謹記在心中，很快就會忘記。要使我們不會忘記的

方式，就是把上帝的話當成我們人生的「導航器」，就好像開車的人要前往一個遙遠陌生的地方時，會打開「導航器」一樣，隨時查看方向是否正確。隨時用上帝的話來為我們的人生導航，這樣就能幫助我們在走生命之路時不會迷失方向。因此，必須將上帝的話深刻地記在心中。

　　第三個要件，就是要「注意看」。除了看生命旅途的「導航器」，也要注意看前面的路是否跟「導航器」的指示相同。我相信開車的人都有過這樣的經驗，有時開錯方向，或是超過了該轉彎的地方，這時導航器會發出警告聲說要轉彎。然後，我們再次依照原本該走的路線繼續走，導航器會讓我們知道還要開多少時間、走多少公里才會抵達目的地。

　　第四個要件，就是要去「實踐」，也就是去「做」。我們常聽到一句俗語說「眼高手低」，這是用來形容一個人只會說一大堆理論，卻不會去做。這句話也可用來形容一個驕傲的人的態度。耶穌對當時跟隨他的眾人就是這樣子說的：「只有實行我天父旨意的人才能進天國。」（馬太福音7:21）一個人知道聖經中上帝的話，卻只停留在「知道」，會講很多聖經理論，也會背誦，這並沒有用。真正有用的，就是將之實踐出來。這也是耶穌所說的，聽了去實踐出來的人，就像蓋房子在磐石上，這樣無論風怎樣吹、雨水怎樣沖擊，房子都不會倒塌（參考馬太福音7:24-27）。

　　〈箴言〉作者講到這裡之後，做了個簡單的結語，說我們這樣去做——注意聽上帝的話，將之謹記在心中，然後照著去做——就會使我們「得著生命」，而且是「健康的生命」。

　　就像前面已經講過的，一個真正有智慧的人，表現出來的

生活和工作態度，就是「誠實」。一個人誠實，就表示他相信有上帝在鑒察他的心思意念。因此，〈箴言〉作者說「不誠實的話一句也不說；撒謊的話一句也不講」。這也是我常跟信徒提起的，當基督徒的第一重點：**從誠實開始學習**。別忘記，做一個誠實的人，就會使我們的生命有飽足感，真的是這樣喔！

11 有智慧的人 會謹守婚姻的約

〈箴言〉第5章15至23節

你要對自己的妻子忠實，專心愛她。你跟別的女人所生的孩子對你沒有好處。會幫助你的是你自己的兒女；陌生人不會幫助你……年輕人哪，為什麼迷戀別的女人？為什麼傾心於別人的妻子？上主鑒察你一切的作為，注視你所走的途徑。

聖經時代是以男性為中心，到了現代，除了伊斯蘭教信仰的社會仍是以男性為中心外，一般社會已經不再這樣，雖然還是有些男性是「大男人心態的沙文主義者」，但基本上台灣社會已經有男女平權的法律規定。因此，在讀「要對自己的妻子忠實，專心愛她」這段經文時，也同時要說「要對自己的丈夫忠實，專心愛他」，這樣才對。

台灣社會離婚率很高，即使是信耶穌的基督徒，離婚的例子也不在少數。而離婚往往是因為有一方發生「婚外情」。會發生這樣的事，原因很多，但大多數情況都像台語所說的「錢沒兩個，袂響」一樣。當然也有一些情況是只有一方錯誤，並不見得一定是雙方都有錯。

〈箴言〉作者強調，我們必須注意婚姻是從「忠實」開始，而「忠實」的意思是指絕對誠實。這種觀念在以色列文化中更清楚，因為以色列民族將他們和上帝之間的關係，用「夫妻」來比喻，上帝就是他們的「丈夫」，他們就是上帝的「妻子」，

因此，聖經經常會用「淫亂的妻子」、「淫婦」來比喻以色列人去拜偶像。

我們的法律最近又有了新改變，就是把「婚外情」除罪化，也就是不再有刑法上的問題，但在民法上還是要負起責任的。這意思很清楚，婚姻的破碎，可以用一般民法的「賠償」來解決。過去有刑法責任時，面對出軌的一方，通常都會想盡辦法找徵信社去跟蹤，然後拍下照片、搜集證據來舉證對方出軌，而訴請離婚，並讓對方被關入牢獄。在基督宗教信仰中，會說這樣的人是犯了十誡的第七誡「不可淫亂」。

不過，耶穌把這條誡命提升到了更高的境界，他說：「看見婦女而生邪念的，在心裡已經跟她犯姦淫了。」（馬太福音5:27-28）耶穌這樣解釋就更清楚，他要求大家保持潔淨的心靈，只有這樣，在審判的日子來臨、面對上帝審判時，才能坦然無懼地站在上帝面前。這也就是〈箴言〉作者在這裡所說的：「上主鑒察你一切的作為，注視你所走的途徑。」這句話已經很清楚地說明，人無論做什麼事，上帝都很清楚知道。

這也是要警告我們每一個人，不要以為與情人暗通款曲不會為人所知，其實上帝非常清楚。我們走過的路徑，就算是非常隱密，上帝也很清楚。因為基督宗教信仰說上帝是無所不在、也是無所不知。就像我們很熟悉的一句話說：「凡走過的路，都會留下痕跡。」確實是這樣。

一般人很少想到，婚姻是一種生命的約定。但信耶穌的人很清楚這件事。在基督教會裡，有兩種約被稱為「生命之約」，**一是洗禮，二是婚姻**，因為，既然是生命之約，就表示這不只是人跟人的約，同時也是人和上帝立約。

　　比如說，洗禮時，牧師會問要受洗的人，有否認罪悔改？受洗的人一定會回答說「有」，但是否真的有，只有上帝知道。同樣地，證婚人會問結婚的雙方，是否承認對方就是丈夫、妻子？答案只有一種，就是「是」；證婚人也會問「是否願意只要對方活著，就要終生廝守在一起」，雙方都要回答「願意」。但是否真的這樣？證婚人並不知道，可是上帝知道。**這是和上帝立約，一點玩笑都不可開。**這也是我在教會主持結婚禮拜時，態度很嚴肅的原因。因為這是在和上帝立「生命之約」。

　　我們若是以為在暗中進行違法的行為，只要小心一點就不會有人知道，這是嚴重錯誤的觀念。換句話說，若有人在婚姻之外的感情上有出軌的行為，請不要忘記，上帝在看。

DAY

12 替人作保與負責的智慧

> 〈箴言〉第6章1至3節
>
> 年輕人哪，你有沒有答應替鄰人作保？替陌生人還債？你有沒有被自己的話絆住？被自己的諾言綁住？如果有這樣的事，你就落在那人的手中。那麼，要怎樣才能擺脫呢？你要趕快去見那人，要求他解除你的束縛。

　　聖經中談到責任的問題可真多，就像上一篇我們談到夫妻的關係，本身就是一種責任，這種責任就是守住「婚約」。〈箴言〉作者在這裡提到另一種責任：若是替人作保，就要負起的責任。

　　在以色列的文化中，替親人作保是非常重要的一件事，例如身為至親的人，有責任要把賣身為奴的至親（或是被至親變賣的土地）贖回來（參考利未記25:25；路得記／盧德傳4:1-4）。

　　舊約聖經就有一個很出名的替人作保的例子，就是猶大為了要說服他父親雅各（以色列），允許他和其他弟兄一起去埃及買糧的故事。猶大向他父親表示，願意「親自作保」帶回弟弟便雅憫（本雅明），否則他願意自己成為埃及的奴隸，以此作為擔保，換取約瑟自由回到父親雅各身邊（參考創世記43:9、44:32-33）。

　　〈箴言〉這本經書，有好幾次提起替人作保的事，除了在這

裡提起，也在第11章15節、第17章18節、第20章16節、第27章13節等五個地方提起「作保」的事，而每次都非常清楚強調，只要替人作保，就**一定要負起責任**。

這裡〈箴言〉作者也特別提起，不要替「鄰人」或是「陌生人」的債務作保，因為替別人的債務作保，可能會連累了自己，使家人生活陷入無助。原因是這種作保是需要附帶提出抵押品的，這種方式不僅是聖經時代如此（參考申命記24:6、24:10-13、24:17；尼希米記／厄斯德拉下5:3-5），今天的時代更是這樣。

雖然這樣，以色列文化中還是有一則摩西法律，是很重要的規定，就是每個人都有責任替自己的「至親」作保，這種「保」，就是如果有親人因為貧窮而需要賣自己當奴隸，好讓自己的家人可以存活下去，或是因為貧窮而需要出賣田地才能生活下去，這時候，親人就有義務出面替這位陷入生活困難的貧窮親人作保，把人贖回來，或是將田地贖回來，以便讓這位貧窮的家人可以安定生活下去。

這也是為什麼以色列人會很誇耀地說，在他們的國家、社會中沒有乞丐，原因就是在這裡。若是每個家庭、每位親人之間可以這樣互相幫助，自然就不會有貧窮無助的家庭與個人了。

DAY

13　避免貧窮
最重要的一件事

> 〈箴言〉第6章4至8節
>
> 別讓自己睡覺，也不要休息。要救自己，像鳥兒掙脫羅網，像鹿逃出獵人的手。懶惰的人哪，要察看螞蟻怎樣生活，向牠們學習。牠們沒有領袖，沒有官長，沒有統治者，可是牠們在夏天儲備糧食，在收割時準備過冬。

　　我們知道，避免貧窮最重要的一件事，就是認真工作，這也是〈箴言〉作者在這段經文中的教導。貧窮的原因有很多種，其中一種就是懶惰，而這點是猶太拉比在教導學生時最重視的生活功課。

　　〈箴言〉作者用「羅網」和「獵人」來比喻說明。懶惰的人有一個最好的藉口，就是用睡覺當作理由，例如打個盹啦、再睡一下啦……等，〈箴言〉說，這樣做的結果，很容易就像鳥兒一樣，稍微一打盹，就掉在羅網裡逃不出來，或是像鹿那樣逃不開獵人的手。〈箴言〉要強調的，不是說當人累了的時候，不要休息，而是別讓懶惰找到藉口。**因為緊隨在貧窮身邊的，就是懶惰。**

　　作者以我們在日常生活或工作環境中經常看見的「螞蟻」作例子；希望人能跟螞蟻學習，這實在很有趣。因為和螞蟻相比，人簡直就是巨無霸，人應該比這微小的昆蟲更勤奮才對。螞蟻很清楚地知道要「在夏天儲備糧食，準備過冬」，這樣一

來，牠們整個族群就不會有挨餓的情形出現。

相對地，懶惰人最常說的口頭禪就是「我只要打個盹、睡一下就好」，然後雙手抱胸就開始睡了。這不是說他們睡不夠，而是已經睡很久了，還不知道要趕緊起床做工，白白浪費了許多時間，也不知道警醒。若是這樣繼續下去，最後的結果一定就是「貧窮」、「缺乏」。

這表示，懶惰只會使人更加貧窮，對人一點幫助都沒有。換句話說，只要勤勞做工，就算能力小到如同螞蟻那樣，只要願意努力去做，就不會導致貧窮（參考10:4）。〈箴言〉有意要表明：貧窮往往如同懶惰的「連體嬰」一般，而懶惰最典型的表現方式，就是睡覺（參考20:13）。

要注意的是，這裡所談的貧窮，並不是來自有權勢者的欺壓、剝削、奪取所導致的貧窮，例如邪惡的統治者，或是惡劣的大財團主人，用不該有的方法、手段壓榨工人，奴役他們，使工人永遠像奴工一樣。

在這裡，〈箴言〉作者並不是在談這塊，而是在談一般生活和工作，例如好吃懶做的人明明機會很多，卻不事生產，因此才帶來了貧窮。懶惰人不會重視、把握時間，往往把最重要的「生命時光」給浪費了，就在偷懶打混的時候，時間在不知不覺中消逝，結果是該做的事一事無成，真可惜啊！

這使我想起羅東靈醫會的李智神父所說的一句話：「比生病更痛苦的事，就是貧窮。」若是將李智神父這句話套進「貧窮」來看，也可以這樣了解：**讓我們不再害怕貧窮的最好方法，就是殷勤工作。**

〈箴言〉作者希望，比螞蟻巨大千萬倍的人類，應該學習微

小的螞蟻。連螞蟻都知道要在夏天殷勤工作，好為冬天的來臨作好準備，人就更應該知道，平時就要懂得作好儲蓄的準備，這樣，有一天當困境（如同冬天）來臨時，就不用害怕沒有或是不夠。這點對今天年輕一代應該是很值得省思的功課。

我們常聽到所謂的「月光族」，是每個月的薪水都花光光；也聽過「日光族」，把每天所賺的錢都花光光，這是非常可惜的事。〈箴言〉給我們智慧的言語，告訴我們不要這樣過日子，要學習螞蟻，要知道儲存，以備欠缺突然來到，這樣才不至於陷入貧窮的困境，也因為儲存足夠，就不易被誘惑而陷入犯罪的羅網中。

DAY

14 上帝所厭惡的七件事

〈箴言〉第6章12至19節

無賴、邪惡的人到處撒謊……有七件事是上主所憎恨，是他所不能容忍的，就是：傲慢的眼睛，撒謊的舌頭，殺害無辜的手，策畫陰謀的心，奔走邪路的腿，編造假證，在朋友間挑撥是非。

　　這段經文一開始就提到「無賴、邪惡的人」，這可以指人格卑劣的人，也可說是藐視上帝法律、教導的人。這種人根本不把上帝放在眼裡，或是說，他根本就不相信有上帝。

　　也可以這樣說，這種無賴、邪惡的人，往往會像一隻披著羊皮的豺狼。我們可以在今天社會中看見這種人，就像美國的「黑手黨」，脖子上掛著十字架項鍊，卻到處抓無辜的女人賣去當娼妓，還控制她們的一舉一動。他們手上有殺人的武器，對任何抗拒他們的人一點也不手軟，不是將對方打到殘廢，就是殺害、埋屍。美國的許多賭場和娛樂場所，都被黑手黨的人控制了。

　　其實，不只是美國，全世界各地都一樣，只要有賭博的地方，就會有「無賴、邪惡的人」在背後撐腰，台灣也不例外，這也是為什麼當政府要通過「博奕條款法案」時，有一群宗教人士出面召開公聽會，希望立法委員能夠制止。結果我們發現，當年提出在離島設置賭博特區時，早就有不少立法委員在澎湖馬公買了大片土地，準備要蓋賭場了。從這裡就可看出，

有龐大利益可圖的地方，就會有人想盡辦法要去爭奪，甚至為了要奪取更多，而做出殘害生命的事。

〈箴言〉作者提出警告，說他們的種種行徑一定會引起「災禍」來到，且來得非常突然，對別人是傷害，對自己也沒有任何好處。更正確地說，上帝會出手懲罰，只要是殘害別人生命的人，上帝一定會嚴懲；欺壓別人的人，結果也是一樣。這就像任何宗教信仰都會提出的警語一樣：上天會報應！

〈箴言〉作者更在這裡提到，有七件事是上主所憎恨、所不能容忍的。很有意思的是，這七項都跟人的身體有密切關係，包括「眼睛」、「舌頭」（嘴）、「手」、「心」、「腿」（腳）等。

一是「傲慢的眼睛」。這很清楚是指驕傲的人，自認為高人一等，會瞧不起別人，特別是對身心有困難的人，經常用鄙視的眼光看待，這是非常要不得的事。我們應該要知道，沒有任何一個人想要天生或後天發生事故而導致身體有障礙，若是我們有這樣的了解，連「障礙」這詞都不該用。現在，在許多國際組織的會議中，已經不再用「障礙」這名詞來稱呼身心活動有困難的人了，而是改用「不同能力」（differentable）的人。

因此，這種擁有「傲慢的眼睛」的人，是上帝所厭惡的對象之一。會排在第一位，原因就像聖經所說的，傲慢的人心中沒有上帝，而且常常把自己當作上帝。這種人就像台灣俗語所說的「目周生佇頭殼頂」的人，和華語所說的「目中無人」一樣意思。

二是「撒謊的舌頭」。這種人最大的特色，就是說虛偽的話，更惡劣的是說不誠實的話，陷害別人。

三是「殺害無辜的手」。這種人非常不能原諒，但每個時代

都會出現，特別是極權國家的領導者，更是如此。然而，就像聖經所說的，每個人都要面對上帝的審判，而這種審判是依據每個人出生時，上帝贈予我們的兩樣禮物——天使與生命冊。天使會把我們所有的言行舉止都記在生命冊中，上帝就根據天使所記載的來審判。因此，無論是誰，只要有出手殺害無辜的人的性命，都會被上帝算帳。

四是「**策劃陰謀的心**」。這是設法要去侵害別人，會有這種想法和行為的原因，就是心中沒有上帝。這種人的特色就是以為自己做的事沒有人知道，不會被發現。但就像耶穌所說的，上帝在察看人在暗中所做的事。因此，不論是在暗中做好事，或是做壞事，上帝都知道。

五是「**奔走邪路的腿**」。這意思是指跟隨作惡的人去做邪惡的事，而邪惡的事，就是前面提起的這四項。

六和七是「**編造假證**」、「**在朋友間挑撥是非**」。這兩項和前面提到的第二項「撒謊的舌頭」可說是相同的。

在基督宗教信仰中，有一件事非常清楚：**只要是上帝不喜歡的事，就不要去做**。因為上帝一定會報應、懲罰，沒有人逃得過。

DAY

15 智慧，像美麗的女人向大家呼喊

〈箴言〉第8章1至3節

聽吧，智慧在呼喚，悟性在吶喊。她站在路旁的岡上，站在十字路口。她在城門口，在城門邊，呼喊說……

　　聖經裡面有兩處地方，是專門在歌頌「智慧」的詩歌，一是我們現在所讀的〈箴言〉第8章，另一處是在〈約伯記〉第28章。很有趣的是，〈約伯記〉第28章的開場白就說，人可以到深山、海底，甚至是地底下去挖礦尋找金銀珠寶，但挖得到這些人人喜愛的財富，卻挖不到智慧。

　　而從〈箴言〉第8章可以看到，〈箴言〉的編撰者有個目的，就是要讓我們了解，**在智慧裡面是有生命的，只要認真學習、追尋，一定可以尋找到**，且會發現原來自己身上有生命在跳動著，這種跳動，是尋找智慧的力量在敲心門、在回應。

　　在這段經文開始，〈箴言〉作者先讓一個美麗的女子出場；她站在十字路口，在一個很顯眼的高處，在那裡向過路的人大聲呼喊。這很清楚地表示「智慧」是美麗的，是一種生命內在的美，不是外表虛有的裝飾。因為女子是大聲喊叫，必定會讓過路的人聽見、看見，這樣大家都會注目、側耳傾聽她。

　　這裡還提到，這位美麗的智者是站在顯眼的「岡上」，表示這是一個高處，這用詞很特別，因為在巴勒斯坦地方，聖經時代的迦南人喜歡把他們敬拜神明的地方建造在高處。因此，

這裡說智者就是在這個人來人往的地方，向那些去拜偶像神明的民眾說出真心的話，要他們注意傾聽真正的信仰是認識生命的主宰上帝。

除了神廟祭壇是眾人時常出入的地方，還有另一個地方也是民眾比較容易匯聚之處，就是「城門口」。聖經時代的城門口，就是市場，每天都會有很多民眾聚集在此做生意。這也表示這位智者在呼籲所有忙於工作的民眾，要傾聽智者的話，在忙著經商賺錢時，停下片刻傾聽一下：即使你斤斤計較、賺得了全世界，卻喪失了生命，又能拿什麼來換？這也是耶穌對當時的人所說的話：「你們要謹慎自守，躲避各樣的貪婪；因為，一個人無論怎樣富裕，他的真生命不在乎他有多少財產。」（路加福音12:15、21）

〈箴言〉這本經書中一再提起一件事：不公平的交易是上帝所厭惡的行為，因此，公平的法碼、秤，才是上帝所喜愛的事。更重要的，是要告訴大家**不要一直忙於賺錢的事**。否則即使賺取更多，喪失生命又有什麼意義可言呢？

其實，這種例子在我們的時代很多，俯拾即是，最出名的例子就是「蘋果」這大家熟悉的品牌創始人之一賈伯斯，死時才57歲而已。以他的財富，想要蓋一間醫院專門為他治療癌症，並不困難。他確實賺得了「全世界」（幾乎所有人都知道「蘋果」這個品牌），但還是無法挽回他因癌症帶來的死亡。

再者，聖經時代的「城門口」也是司法審判和辦理公證的地方。當有任何糾紛而無法處理時，就到城門口去，那裡有長老，也就是大家公認擁有裁決能力的人，也是備受尊重的長者。通常會有十個人的小組在審理人民訴訟的案子，就和今天

的法庭一樣。會設在城門口的原因，是因為這裡是眾人聚集的地方，法官（長老）在審理人民的訴訟案件時，眾人可以在旁邊聽，看審理的法官是否公正。這跟我們現在的法庭開公開庭相同。

現在，這位打扮亮麗的智者出現在城門口，向那些愛好訴訟的人呼籲，先停下來聽聽看，就會知道把生命用在訴訟的事上，對生命有什麼意義？若是法官沒有公正的心，這樣的審判將會對冤屈者造成極大的傷害，而真正有智慧的法官，一定會知道生命的審判者是上帝。法官在世上審判人，上帝會審判他。

這位有如美女一般的智者，出現在眾人最容易看見的地方，聽到她大聲呼喊著眾人聽她傳講的話，希望能因此喚醒大家的良知，不再執迷不悟。要大家清楚知道，管理我們生命的是上帝。認識了上帝，我們就知道，清潔乾淨的手和心靈，才是上帝所愛。

DAY

16 生命中最不可或缺的珍品

> 〈箴言〉第8章9至11節
>
> ——
>
> 對有見識的人來說，一切清楚；對通達的人來說，一切明確。寧願選擇我的訓誨，不取白銀；寧願接受知識，不取精金。我是智慧，我勝過珠寶；你所追求的沒有一件比得上我。

　　上一章說到，這位有智慧的女子站在大家都看得見的地方，向大眾高聲呼籲。除了前面提過有關真實信仰、買賣、司法等行為外，在這裡，這位有智慧的人向所有的人呼喊，要「有見識的人」和「通達的人」都來聽她要傳遞的信息。

　　這裡所謂「有見識的人」和「通達的人」，意思很清楚，就是指想要追尋智慧的人，這種人一定會尋得他們想要得到的智慧。這使我想起基督宗教很出名的傳道者——使徒保羅（保祿），他曾告訴羅馬教會的基督徒說，要認識耶穌的救恩，並不是很困難的事，因為復活的耶穌已經來到我們身邊，只要有人想認識他，復活的耶穌就會出現在他身邊。相對地，對那些根本不想認識上帝，也不想得到耶穌救恩的人來說，就算親眼看見許多感人的場景，也是枉然。

　　這就像耶穌曾講過的一個比喻，說有個財主過著非常奢華的生活，每天都有人把一個又貧困又生病的乞丐抬到他家門口，等著撿財主丟棄不吃的食物來充飢。有一天，乞丐死了，財主也死了。結果財主下陰間，乞丐卻被提升到天上去。財主

看見這場景，感觸很深，便請求天使幫忙，詢問是否可以差派這個乞丐再到他家一趟，告訴他家裡另外五個兄弟（他們過的生活和他一樣奢侈），要他們一定要改過來，否則也會一樣下陰間受苦。

但這位上帝的天使亞伯拉罕說，他的兄弟有聖經可以讀，只要讀了聖經，就知道該過怎樣的生活。但財主告訴亞伯拉罕，要有這個乞丐回去告訴他們，他們才會相信。天使亞伯拉罕聽了就說，他們若是連聖經都不讀，就算乞丐回去，他們也一樣只會把他看成乞丐，而不會看成是已經在天上享受喜樂的天使。

很有趣喔，聖經就是上帝的話；認真追求上帝話語的人就會知道，過奢華的生活，將身邊貧困的人給疏忽了，這種人就是真正愚蠢的笨人！

接下來，這位打扮成美麗女人的智者提到另一個重要觀念：**學到、找到智慧，比「白銀」、「精金」、「珠寶」更高貴且更有價值**。特別是在今天，絕大部分的人依舊喜歡把生命中更多的時間、精力，用去追求金銀、珠寶等物品。然而，就像以色列民族出埃及進入曠野的經驗一樣，在那生活環境相當缺乏的地方，連水都沒有，更不用說食物，在鳥不生蛋的地方，就算有了金銀珠寶，又有什麼用？只會增加生命的負擔而已，一點用處也沒有，甚至會有人寧願將身上所有的金銀珠寶拿來換水喝、換食物吃。

在這種情況下，若是有智慧，就會知道怎樣在這樣惡劣的環境下存活下去，這點非常重要。以色列人就是因為漂流曠野四十年，學習到這種生命經驗，因此他們很清楚知道一件事：

要終生學習上帝的話。這不僅是曠野漂流四十年的經驗總結，他們在巴比倫集中營七十年的奴隸生活中，也學到相同的經驗。這也是為什麼他們在第二次世界大戰中，可以存活下來的重要因素，就是信仰；而信仰就是認識上帝；認識上帝，是從學習上帝的話開始做起。

您現在所看的，就是學習上帝話語的開始，我相信這對您生命的內涵必定有很大的幫助。

這位智者非常明確地強調，擁有智慧，勝過金銀珠寶。生命之所以珍貴，不是因為擁有那些可數的物品，而是肉眼看不見、無法用數字計算的智慧，這才是最重要的生命珍品。

DAY **17** 判斷力是上帝賜予
的最棒財富

〈箴言〉第8章12至18節

我是智慧，我有見識；我有知識，有健全的判斷力。敬畏上主就
須恨惡邪惡；我恨惡驕傲、狂妄，討厭邪僻和謊言。愛我的，我
也愛他；尋找我的，一定找到。財富榮譽由我施與；恆久的富貴
成功也都在於我。

　　古代社會有一種思維，認為一個君王或是統治者，是上蒼
派遣到世上來的管理者。因此，人民會認為君王所想的、所說
的，都代表著上蒼之意。

　　我也說過所羅門繼承父親大衛的王位後，上帝在夜裡夢境
中問他想求什麼，他向上帝祈求智慧，上帝聽了之後相當感
動，就把智慧賞賜給他。然後聖經作者用一個故事來描述所羅
門當王之後，確實表現出他真的是一個很有智慧的君王，這種
智慧就是擁有好的判斷力。這個故事是這樣子說的（參考列王
紀上3:16-28）：

　　有一天，有兩個住在一起的妓女來見所羅門王，站在他面
前。其中一個說：「我生下一個男嬰，兩天後，另一個妓女也
生下一個男嬰。屋裡只有住我們兩個妓女而已。可是，有一天
晚上，比較慢生的那個妓女不小心壓死了自己的男嬰，竟然趁
著夜裡從我身邊抱走我的男嬰，把她壓死的男嬰偷偷地放在我
身邊。第二天起床，我要給嬰兒餵奶，才發現孩子死了。我仔

細一看，這並不是我生的嬰兒。」

可是另一個妓女也說：「不是這樣，活的嬰兒才是我的；死的，是她的。」就這樣，兩個妓女在所羅門王面前吵了起來。

於是所羅門王就下令叫侍衛把刀拿來，要侍衛把這活的嬰兒劈成兩半，給這兩個妓女一人分一半。這時候，其中一位母親馬上就對國王說：「千萬不要殺死這孩子，就把這孩子交給那個女人吧。」另一位母親卻說：「這樣很好，不必給我，也不必給她，把孩子劈成兩半吧！」

所羅門王聽了之後，隨即說把嬰兒交給那個說「不要殺死這孩子」的母親，因為她才是孩子真正的母親。

這件判斷孩子歸屬的問題，讓以色列人非常欽佩所羅門王，說他真是一個有上帝賞賜智慧的國王。

這就是這段經文說的，智慧給人「健全的判斷力」，可以分辨事理，就不至於會受到迷惑，或是被世上各種看來亮麗的事物所誘惑，而離棄了真理之道。

再者，這段經文也告訴我們，一個真正有上帝賞賜智慧的人，會「恨惡邪惡」、「恨惡驕傲、狂妄」，而且要「討厭謊言」，因為邪惡、驕傲狂妄、謊言這些都在表示心中沒有上帝，也是藐視上帝的一種態度。因此，一個敬畏上帝的人，是不敢有上述這些行為的，因為他清楚知道賞賜生命的上帝非常不喜歡這樣的行徑。心中有上帝的人，特別是君王，會很清楚一件事——要「秉公行義」，他知道若是沒有這樣做，他的王位不會保留太久。這點在人類歷史上已經說明得很清楚了。

〈箴言〉作者在這裡還講了一段很重要的話：**愛上帝的人，上帝一定愛他；尋找上帝的人，一定會找到**。這句話可以這樣理

解：上帝就是智慧的源頭，也是賞賜智慧者。因此，一個喜愛上帝的人，上帝也喜愛他，也會賞賜智慧給這個人。這樣一來，這個人很容易發現智慧就在他的身邊、他的生活環境中，也在他的工作裡面。

　　這就像是所羅門王向上帝祈求智慧，上帝就賞賜給他足夠的辨別是非的能力，讓他在治理國家時，知道怎樣運用這份智慧。例如聖經就記載，所羅門王知道以色列人天性害怕大海，因而造成以色列沒有海軍，也沒有船可以在海上航行；因此，他就聘請位在地中海海岸的西頓國的希蘭王，幫他訓練航海船員，也替他造商船隊伍，然後為他賺取大量的財富。

　　誰愛上帝，誰就會得到上帝的愛，這愛，就是智慧，而智慧，就是財富。

18 創造的智慧：創造論 VS 進化論

〈箴言〉第 8 章 22 至 31 節

在上主造化之先，在亙古，就有了我……上帝安設天空，在海面上畫地平線；他在天空布置雲彩，在海洋開放水源，為海水定界限，不使它越出範圍……我在他旁邊像一個建築師，是他每日的喜樂；我常常在他面前歡躍：喜歡他的世界，喜愛世上的人。

　　每當談到創造的事，就會引起一番論戰：宇宙萬物的誕生，到底是「基督宗教的創造論」或是「達爾文的進化論」？哪個才正確？這問題不是現在才開始，而是從達爾文發表「進化論」之後，就一直爭論不休。

　　達爾文（1809-1882）是英國博物學家，也是地質學家和生物學家，他最著名的研究成果就是「物競天擇，適者生存」，而他最令人震撼的理論，是認為所有物種都是從少數共同祖先演化而來的。

　　雖然達爾文的理論奠定了生物學界對物種演化論的看法，但他並不是第一個提出演化思想的人，在他出生之前許久，生物會演變的想法就已經存在了。例如在古希臘時代，就有人認為一種生物可以源於另一種生物。另外，在一些古代神話中也有「人起源於動物」的說法，像是西藏一些地區的神話傳說中，就有獼猴逐漸變成人類、人類起源自獼猴的說法。

　　我也經常被人問到這個問題，我都這樣解釋：「基督宗教信仰只談一點：所有萬物都是來自上帝創造，也就是『從 0 到

1』；達爾文的進化論談的是從一個物種，演化到另一個物種或是更多物種，也就是『從1到N』。這是完全不同的立足點。」無論達爾文怎樣說，他都不是從「零」開始，而是從「有」開始說起。基督宗教信仰講宇宙萬物的創造，是上帝從「零」開始，創造了所有萬物。

這裡談到了上帝整個創造的基本觀念：萬物還沒有開始創造之前，上帝就已經存在了，而上帝最先創造的就是智慧。這意思是任何人想要認識生命的源頭上帝，就是從智慧入門。這也表明一件事：**上帝是一切的開始**。換句話說，上帝不像我們人或萬物，可以找出起源的時間，就像我們每個人都有出生的日子一樣。考古學者發現一件古老物品，可以用科學的方式鑑定出該物品出產的年代，但上帝不行，因為在萬物出現之前，上帝就已經存在了。

上帝將萬物造出來之後，最後才造人，且是以祂的「形像」來造人，原因是要派人去管理上帝所創造的世界萬物。再者，上帝的「形像」也表示上帝的愛。因此，要管理上帝創造的萬物，就是要用愛來管理，這點認識很重要。

當這些受造物都完成後，〈箴言〉作者說上帝就像一位「建築師」，完成了一切創造，每日都喜樂、雀躍，看見自己的創造都很美好。就像一位建築工程師，對自己的建築成果很滿意，就會充滿喜悅。所以〈箴言〉作者說，上帝喜歡祂所創造的世界，也喜愛世界上所有的人。

也因此，在基督宗教信仰的觀點裡，有一件事很清楚：每一塊土地，都是上帝創造的，都是好的土地。每一段時間，都是上帝創造的，因此，都是好的。只要人善盡管理的責任和工

作，每個地方都是好的，每天的時間也都是好的。這點和一般的宗教信仰差異很大。

有這樣的了解之後，當有人說「世界末日來了，上帝要毀滅全世界」時，你就要特別注意，這不是聖經的說法。因為聖經說，上帝喜愛祂造的世界，也喜歡祂造的人。既然是喜歡也喜愛，就不會有毀滅的事。這種「世界末日上帝要毀滅一切」的說法，其實是錯誤的。因為時間是上帝的，所有宇宙萬物的時間都在上帝手中，人沒有資格、也沒有能力替上帝決定時間。因此，你不要被騙了。

不過，當人心中沒有上帝，就會蓄意破壞上帝所創造的世界，這樣等於是在自我毀滅。因此，真要說「世界末日來臨」，正確的說法應該是「人類的貪婪無度，帶來了自我毀滅」。舉個大家都熟悉的事，就是科技的發展已經引起氣候嚴重的變遷，這種變遷就是一種毀滅的傾向，這也是為什麼全世界的科學家都提出嚴厲的警告，希望全世界共同來努力穩定氣候。

從空氣汙染、河川汙染的事就可以看出來，若是人類的科技發展是出於貪婪，那就是在毀滅自己，而這絕對不會是上帝所喜歡的事。請記住：上帝喜歡祂創造的世界，也喜愛世界上的人。

19　承認自己的有限，智慧就來敲門了

〈箴言〉第8章32至35節

年輕人哪，現在要聽我，照我的話做，你們就有快樂。要聽從你們所受的教導，要明智，不可拒絕。聽從我話的人多麼有福啊！他天天守在我門口，在我家門邊等候。找到我，就是找到生命；他會獲得上主的恩惠。

這段經文是一位長輩對晚輩的勸勉。這位有豐富生命經歷的長者，扮演著智慧的老師，呼籲所有追尋智慧的人都要傾聽他的教導，因為**智慧就是人生存和生命的法則**。失去了智慧，等於失去了生命。

為什麼這位長輩會說「找到智慧」就是「找到生命」呢？原因很清楚，就是〈箴言〉作者一再告訴我們的：**認識上帝，就是智慧的根基**。一個人若是認識上帝，就會清楚自己是個「有限的人」，人類的有限，表現在能力有限、知識有限、生命的年齡有限等等。

能力的有限，可以從「武漢肺炎」的事件來看。2020年中國出現「武漢肺炎」，很快整個世界都被傳染了，死亡的人數比兩次世界大戰的死亡人數總和還要多，確診人數已超過一億九千萬人，更嚴重的是整個世界的經濟幾乎都要停擺。

會傳染這樣快，是因為近三十年來，人類的科技發展速度之快，遠超過過去兩千年的時間。高鐵、飛機等運輸工具的日

新月異，大大縮短了國家和國家之間的距離，也因為這樣，病毒的傳播與擴散更加快速。各國政府因此發布飛機航班的各項限制，甚至是「鎖國」，禁止任何外國人進入。

也因為大家都嚇死了，歐美各國紛紛投入大量金錢和資源去研發疫苗。歷時十個月，疫苗真的研發出來了，速度之快，超過過去任何一次研發疫苗的速度。但誰也沒有想到，疫苗才開始在英國施打，英國馬上就傳出病毒出現變種的現象，且在南非、印度、巴西等地也都出現另一種新的變種病毒，傳染力比原有的更強、更快，因此全世界都恐慌起來，不知道這種病毒到底要到什麼時候才能抑止下來。

這就清楚在告訴我們，**人的能力是軟弱又有限的。**即使科技讓我們有速度最快的航空器可以飛到外星球，也無法解決武漢肺炎病毒的擴散、變種病毒帶來的生命威脅。即使我們台灣有全世界最先進的半導體科技，但當我們面臨缺水問題，導致數以萬計的農田被迫休耕時，也無法使上天多下一滴雨。

當我們明白這些，就會知道人的有限和軟弱，人就應該謙卑下來。這種謙卑，就是知道這些新穎的科技產品，不應該用來破壞上帝創造的世界，也不應該用來傷害上帝所創造的人類。因為所有人的生命都是上帝用祂的形像創造的。傷害別人的生命，等於在撕裂上帝的形像一樣，上帝是會生氣的。

此外，這位智者也告訴年輕人，要記得尋找智慧，不要拒絕。因為得到智慧，就有如獲得生命，會帶給生命喜悅。這種生命的喜悅，遠遠超過任何可數的物質，就像前面多次提起過的，智慧勝過金銀珠寶，也勝過人類社會看為貴重的社會地位，比人間用各種方式建造起來的聲望更有價值。因為有智慧

的生命的這種喜悅，是一種生命飽足的感受。

　　或許有人會問，要到哪裡去尋找才會得到智慧呢？這位年長智者說，智慧就像站在門口，只要你願意，就在你家裡的門口，很近的意思。這位智者表示：只要你願意學習，隨時伸手都可以得到。就像摩西告訴以色列人說上帝的誡命離他們不遠，就在他們的心裡、就在他們口中一樣（參考申命記30:13-14）。更具體地說，這種學習就是從研讀聖經開始，因為聖經是上帝的話。你可以學習去了解到底聖經裡記載上帝講些什麼話、說些什麼規矩。

　　先想想這一點：這本聖經，是基督教、天主教、伊斯蘭教、猶太教等宗教的經典，而這幾個宗教總人口數加起來，接近全世界總人口數的二分之一。這本聖經已經有四千年的歷史，這就好像一個有四千年生命經驗的智者，在對我們今天的人述說生命的故事與智慧，不是停留在述說過去的事，而是對今天全世界的人持續呼喊著：來尋找我吧！

DAY

20 做對選擇、遠離無知，建造穩固的自己

〈箴言〉第9章1至6節

智慧建造她的房屋，立了七根柱子。她開筵席而殺牛宰羊，調製美酒，擺設餐桌。她差派女僕出去，在城裡的最高處呼喊：「無知的人哪，來吧！」又向愚蠢的人說：「來吃我預備的佳餚，喝我調製的美酒。要遠離無知的人而存活；要走智慧的路。」

　　〈箴言〉這本經書有個特色，就是作者喜歡用「長輩」、「老師」等角色，扮演「智慧者」來講話。而這位智者最喜歡的對象，就是年輕一輩的人，因為他們比較容易接受新的教導，比較不會有積惡習而難改的問題。此外還有一個原因，是年輕一輩的人比較容易受到誘惑，或是說心浮氣躁、容易衝動，若是擁有智慧，就容易修正這種問題。

　　這些長輩一再提醒學生要記住一件事，就是：**生命是一次次重要抉擇的累積，在智慧和愚蠢之間做出選擇和回應。**他們會清楚地告訴學生，智慧帶給生命的是希望、亮光，而愚蠢只會帶來滅亡、黑暗，甚至是進入陰間。

　　〈箴言〉作者在這裡用了一個以色列人的習俗——新房子蓋好、落成後，屋主會開席宴客——來解說智慧的意義：

　　第一，有智慧的人，就像蓋房子會先把地基穩固下來。這裡說「立了七根柱子」，意思是指根基非常堅固。耶穌曾說過。聽了他的教導且又去實行的人，就好像把房子蓋在磐石上，這樣的

房子縱使遇到風吹、雨打、水沖，也不會倒塌，因為它的基礎立在磐石上。相對地，聽了他的教導卻不知道去實行的人，就好像愚蠢的人把房子蓋在沙土上，一遭受風吹、雨打、水沖，房子就倒塌了，而且是倒塌得很徹底（參考馬太福音 7:24-27）。

這樣比喻我們一點也不陌生，因為台灣經常發生地震，在蓋房子時，都會要求建材的「耐震係數」必須足夠承受七級地震的搖動。這就是這裡所說的「立七根柱子」之意。因為「七」這數字，在以色列文化中可以表示很完美的意思。

再者，「七」這數字也可以表示和上帝有密切關係。因此，這裡可以這樣解釋：房子，代表一個家庭。七根柱子，代表這個家庭很完美。智者在這裡說明了一個家庭，不是只有房子大、堂皇美麗就好，更重要的是要有信仰：一個家庭有上帝同在，才是完美。因為上帝就是智慧的源頭，只要有上帝同在，等於有了智慧作為家庭的根基。

第二，這位智者長輩再次呼籲要「**遠離無知**」。這句話有另一個意思，是指不要和無知的人親近。因為無知的人的特性，就是不想要學習，也不想要智慧。這樣的人覺得自己很有智慧，那為什麼還要去學習，應該是別人來跟他學才對。這種人就是驕傲的人，就像聖經所說的，驕傲的人心中不會有上帝，他們喜歡自己扮演神明的角色，認為自己什麼都懂、什麼都會。

台語有一句很有趣的俗語：「四書五經讀到透，不知三字龜、鱉、竈。」這句話的意思是，書讀很多，並不見得懂得怎樣生活。龜和鱉都有個特性，就是遇到危險時，會趕緊將自己的頭和四肢緊縮在殼內，使生命的危險降到最低。而竈，是平時人們生活的地方，也可說是廚房。也因為很多讀書人甚少關

心廚房的事，台語又有另一句話是這樣子說：「吃米，唔知影米價。」講的也是類似的情形。

〈箴言〉的這位智者勸勉年輕人「要遠離無知的人」，是因為這種無知的人，就是愚蠢人，只會給人帶來滅亡。跟這樣的人相處久了，連自己也會變成這樣。那只會使自己的胸襟越來越狹隘，這絕對不是一件好事。因此，最好的方式，就是跟這種人保持距離。

DAY

21 面對傲慢之人 的智慧

〈箴言〉第9章7至9節

你若糾正傲慢人的過錯，就是自招凌辱；想責備邪惡人，無異傷害自己。不要指責傲慢人的錯處，因為他會恨你。你若指教明智的人，他會尊重你。指教明智的人會使他更加明智；教導正直的人會使他增長學問。

　　之前有提過，智慧，就是有能力分別聰明與愚蠢、好與壞、是與非……這種相對性的差異，而這段經文談的是「傲慢人」和「明智的人」之間的差異。

　　智者一開始就提醒說，不要想去糾正傲慢的人。這種「傲慢的人」以台語來說，就是「愛給人藐視的人」，意思是眼睛看別人都看得很低，覺得自己比別人更高級。這是非常錯誤的態度，也是愚蠢人才會有的心態。

　　就像有一個國家叫「愛沙尼亞」，1991年，他們趁著東西德合併，蘇聯共產集團瓦解，東歐許多國家紛紛宣布獨立時，他們的國會也開臨時會，投票表決是否要獨立。

　　在這之前，這國家和立陶宛、拉脫維亞一起舉辦了一場震撼全世界的「手牽手」活動，來維護他們國家的完整、獨立。這三個國家很小，過去曾接連受到蘇聯、德國殘忍的控制。後來，我們也學習他們的方式，在2004年總統選舉時，舉辦「手牽手護台灣」活動，全國各地民眾都出來，用手牽手的方

式將台灣圍繞一圈。

　　當愛沙尼亞的國會正在準備投票時，外面有一群民眾聚集，他們都是從蘇聯移民過來的，有的是政府高階主管，有的是蘇聯派過去的教授、工程師、共產黨幹部等等。他們佔愛沙尼亞全國人口的40％，比例可說是非常高，因此，當愛沙尼亞國會表決通過要獨立時，這群移民過來的蘇聯人，特別是俄羅斯人，就很不客氣地對國際媒體說：「我們高級俄羅斯人，很不屑和低級的愛沙尼亞人共組一個國家。」這樣的人，就是〈箴言〉這裡所說的「傲慢人」，是典型的愚蠢人。

　　舉一個對照的例子。2021年1月1日，澳洲政府修改他們唱了好久的國歌歌詞。他們的國歌《前進，美麗的澳大利亞》（*Advance Australia Fair*）中，有一句歌詞是「我們年輕又自由」（For we are young and free），就在今年年初，這句被改為「我們團結一致又自由」（For we are one and free），也就是把「年輕」一詞改為「團結一致」。

　　這樣做的原因，是當年從英國移民過去的都是開墾的年輕人，但對當地的原住民來說，那是英國人去踐踏他們。現在他們把「年輕」一詞改成「團結一致」，就像澳洲總理莫里森（Scott Morrison）公開表示的，這是多年來澳洲白人一直努力要跟原住民和解的方式，這次的修改，至少表示白人不再是高人一等，大家都是一樣的。這樣的修改，可以凝聚澳洲三百多種不同族群一起和諧相處、同心努力。

　　比起那群自蘇聯移民去愛沙尼亞、自認比愛沙尼亞人更高等的俄羅斯人，澳洲政府這樣修改他們的國歌，顯然這才是有智慧的表現，而那些俄羅斯人簡直是愚蠢至極。就像〈箴言〉

作者所說的，對這種傲慢的人說出糾正的話，只會被他譏笑、羞辱而已，一點益處也沒有，不要白費這個力氣。

　　相對於傲慢人，就是「明智的人」，這種人也是心中有上帝的人，〈箴言〉作者將之稱為智慧的人。〈箴言〉作者在這裡說，對這種謙卑、有智慧的人說出他的錯誤之處，他會感謝你、疼愛你。因為你跟他說出錯誤之處，會幫助他改正過來，也會讓他更加進步。而面對那些愚蠢的「傲慢人」，就不用多費口舌了，還不如把自己的精力省起來，去和「明智的人」多多相處。

DAY

22 智慧給你平安，使你延年益壽

〈箴言〉第9章11至12節

——

智慧會使你延年益壽。你有智慧，獲益的是你自己；你拒絕智慧，虧損的也是你自己。

　　在〈箴言〉這本經書中，經常會看到一句話，就是智慧會使人「延年益壽」，或是「敬畏上主，得享長壽」這樣的句子，例如在第3章16節、第10章27節、第19章23節等處都可以看到。

　　從表面上看起來，這些句子的意思很像是台灣人所喜愛的「食百二」（意思是「活到一百二十歲」），實際上，這些句子的重點不是年齡上的數字是多是少，而是在表示充滿生命的力量，也可以說是過安定無憂慮的生活（參考申命記32:47）。〈箴言〉的作者告訴我們，一個人想要過著安定無憂慮的生活，就不要把生命浪費在不必要的事情上。這要怎麼做到，就需要有智慧的帶領；這智慧，是要有信仰的基礎；這信仰，就是從認識生命的主宰上帝開始。

　　前面提過很多次，人在各個方面都確實是很有限的。最基本的一件事，就是年齡有限。無論我們的科技是多麼發達，這一百年來，就算人類的平均年齡從五十歲延長到現今的七十五歲，距離台灣人所說的「食百二」還是有一段漫長的距離。

　　問題是，即使活到「百二」，人的身體已經老態龍鍾，無

法活動自如，這樣的「食百二」又有什麼意義可言？當人知道自己的有限時，自然就會打從心底謙卑起來。越懂得謙卑的人，就越清楚知道自己需要一個強有力的幫助者來扶持。而這強有力的幫助者，就是基督宗教信仰所說的生命之主──上帝。

一般人會用很多時間追求可數的財富，包括金、銀、珠寶等，就像〈箴言〉作者說過的，有人會冒著生命的危險，到高山、深海，甚至是深坑中，去挖採這些在人看來是珍貴的財寶。另一方面，我們也會看到許多人用金錢來追求社會地位，特別是在台灣社會，有人拼命想要擠進政治圈裡，除了大財團的老闆會這樣，黑道的老大也不例外。

然而大家都很清楚，沒有一個大財團的老闆花幾千萬、甚至幾億的金錢去選舉，只是為了要當一個月薪十幾萬的民意代表，一定是有更重要的企圖在背後。而黑道老大會想盡辦法要進入民意殿堂，其目的是什麼，大家稍微想一下就清楚，就不用在這裡贅述了。

這個世界，沒有一樣東西是永遠不會改變的。大財團也會有倒塌、瓦解的時候，黑道老大的得意日子也會過去，這樣的例子在世界各地都一再發生，台灣也不會有例外，只要我們稍微注意一下，就會發現身邊有很多實例。這也是〈箴言〉作者一再提醒的，我們都需要有真實敬虔的宗教信仰，這種信仰不是建構在人身上，而是建立在對真神上帝的信靠，才會使人的心靈獲得平安。心靈的平安，就是此處所說的「享長壽」、「延年益壽」。

我們豈不是經常聽到一句話說「平安，就是福氣」嗎？往往是當人失去了「平安」的時候，才會說出這樣的話。其實，

所謂的福氣，我們平時就可以得到，只是我們沒有用心尋找罷了。大多數的人總是有個錯誤的了解，以為有金錢就可以「買」任何想要的事物，但我們都知道，有錢也買不到真實的愛情，就像是風月場所的女人經常說的：「你可以用錢買我的貞操、身體，但你買不到我的心。」

　　若是連感情都買不到，更不用說要買到生命了。因為主管生命的是上帝。因此，〈箴言〉作者在此這樣告訴我們，誰擁有智慧，誰就是獲得利益的人；相對地，誰拒絕智慧，誰就有了虧損。

DAY 23　分辨並遠離身邊的愚蠢之人

〈箴言〉第9章13至18節

愚蠢像一個喧嚷、無知、無恥的女人。她坐在家門口,坐在城裡最高處,向那些匆忙趕路的人喊叫:「來吧,無知的人!」她向愚蠢的人說:「偷來的水較甜,偷來的餅更有味道。」受害的人不知道死亡就在她那裡,往她那裡去的,已經墜入陰間的深處。

　　在這段經文裡,〈箴言〉作者介紹了愚蠢表現出來的樣式,就是像一個人,大聲「喧嚷」,既「無知」又「無恥」。

　　所謂「大聲喧嚷」,就是吵到左鄰右舍的安寧。最近政府在許多車輛來往頻繁的重要道路上,裝設了檢查裝置,專門抓那些把車子排氣管改裝,加速起來引擎音量超高的車輛。我們不知道這些人把機車或汽車改裝成這樣的用意是什麼,也許他們聽到這樣大的引擎聲音,會有種滿足感。但他們忘記了,在他們感到滿足時,卻讓別人感到相當厭惡。一個真正有智慧的人,不會去做這種事。

　　愚蠢還表現在「無知」上,這是用來形容「愚蠢者」最好的詞彙,表示沒有基本常識和判斷力(參考箴言5:6),也隱含著拒絕學習成長之意。**無知,也可用來表示拿生命開玩笑的意思。**這種開玩笑,就像一個人聽到吸毒的朋友一再吹噓,說吸食安非他命會讓自己感覺「很棒」,就想要試試看。這就是「無知」。對危害自己生命的事,竟然是說要試試看。結果就因為

這樣而陷入了無法自拔的深淵中。

　　再來就是「無恥」，表示一個人連基本的是與非、道德規範都分不清楚，更嚴重的，是故意將不應該有的行為給予肯定，導致錯誤的行為頻頻出現。這種事經常發生在商場上，為了要賺錢，將貨品到期的期限修改、延後，要不然，就是用假的標示欺騙顧客，例如三年前就發生過用不乾淨的油質，卻說是高級食用油的事件。

　　我們稱這種商人的心是「黑」的。他可以賺很多錢，卻也同時在殘害別人的生命。中央研究院有研究過，近幾年來，台灣人罹患「大腸癌」的原因和食品有密切關係，特別是在食用油上，關係更為緊密。會做這種事，就是無恥的表現。

　　愚蠢的人還有一個特性，就是分不清楚什麼事是不該做的，就連最基本的誠實都做不到，在大庭廣眾下，還會大聲叫道：「偷來的水較甜，偷來的餅更有味道。」這是一句流行於西亞地帶的諺語。由於西亞是沙漠地帶，經常會因為水的問題發生爭執（參考創世記26:14-22），特別是在乾旱季節裡，水就變成珍貴的財物之一，也變成商場上買賣的重要貨品（參考申命記2:6）。因此，這裡說「偷來的水較甜」，表示越是難以得到的東西，如今拿到手上，就越覺得甜美。而下一句「偷來的餅更有味道」也是同樣的意思。

　　除了指物品之外，「偷來的水較甜，偷來的餅更有味道」這句話也隱喻著偷偷摸摸的婚外情，總是讓偷情者感到回味無窮，但這種不正當的愛情，初嘗之際總是感覺甜美，可是最後帶給人的卻是苦澀，甚至痛苦。會做這種事，就是愚蠢無知者的表現。

　　〈箴言〉作者特別提醒一點：千萬不要聽從愚蠢人的話，當他叫得越大聲，我們就越要跟這種人保持更遠的距離，因為和這種人接近，最後連自己也會被拖累了。

DAY 24 一種只會帶來危害的財富

> 〈箴言〉第10章2至5節
>
> 不義之財對人沒有益處；誠實能救援生命。上主不使正直人飢餓；他不容作惡的人隨心所欲。懶惰使人貧窮；勤勞使人富足。聰明人按時收聚；收割時瞌睡是多麼可恥。

　　這裡說「不義之財對人沒有益處」，這「不義」一詞，表示用不正確的手段得到財富，也可以說是用不正當的手段奪取他人的財富，這種財富不但對人沒有益處，〈箴言〉作者在另一處也提到，不義之財甚至是會危害生命（參考21:6）。

　　因此，與這一句搭配的句子就是「誠實能救援生命」，這裡的誠實，表示的是絕對忠心，不會心存邪念，包括對不該有的感情對象在內。在古時候的西亞地帶，妻子被視為丈夫的財產，所以有人貪戀別人的妻子，等同是貪愛別人的財產，這會為自己帶來生命的危險（參考2:16-18）。這也是基督宗教「十誡」最後一誡所說的「不可貪戀別人的妻子」（參考申命記5:21）。

　　一個忠實的「義人」，不用擔心會遇到「飢餓」（聖經說到「飢餓」時，通常也可以表示「貧窮」），因為，無論是在任何地方或是事業機構，都會需要真實忠心的人。很久以前台灣正在開墾的時候，有許多人從中國移民來台灣，那時台灣有錢的「員外」就聘僱這些來自所謂「唐山」的人，請他們到山上去種

植茶葉，或是墾荒耕田，當中有不少工人就是非常忠心，不論老闆是否有去巡視、察看，他們都會盡心盡力地做好本分的工作。

因此，有些老闆就會將這些忠心的工人從工地、農地帶回家裡，讓他當管家，甚至把自己的女兒嫁給他。這樣的管家，就算沒有被老闆當作女婿，也會被當作家裡的「長工」，如同自己家裡的人一樣被重用，甚至有些老闆在去世之前，還會把家裡的財產交代給這位長工管理，好幫助老闆的兒子可以安心繼承財產。

與這種忠心義人相反的，就是「懶惰」的人，這種人就是〈箴言〉這本經卷中一再提起的愚蠢人，二者是相同的意思。〈箴言〉作者說這種人一定會貧窮，原因是懶惰的人最大的特色，就是游手好閒、好吃懶做，終日無所事事。

這裡講了句很有意思的話：「懶惰使人貧窮；勤勞使人富足。」「勤勞」就是前面所提過忠心的人，這種人絕不會找理由使自己減少工作的負擔。因此，這樣的人的生命是「富足」的。但要注意，這裡的「富足」並不僅是指數字上的多寡，**更重要的是心靈的滿足**，也會知道知足，而心靈知足的人，就不會起貪念。

從這裡就可以明白，當一個人用盡各種方法要「奪取」更多財富（我會說「奪取」，就是用不正當方式得到），就像這段經文開始所說的用不正當手法得到「不義之財」，就是不懂得知足的表現。這種人會貪，想的是怎樣才可以貪得更多。這種人其實是真正的貧窮人，只有貧窮人才會想要奪取更多。

2002年3月，愛爾蘭U2樂團的主唱波諾（Bono）受美國

總統小布希邀請，在白宮演講。對那些來聽他演講的美國政商大咖們，他公開地說「不要再向上帝祈求賜福了」，原因是上帝已經賜福給美國非常多了。他希望美國想一想，這個世界上有多少國家的人民生活在餓死、病死的邊緣，正需要大家伸手去救助，而這應該是美國人責無旁貸的責任。

因為他的演講，微軟公司老闆比爾‧蓋茲決定將他的財產捐出95%，後來大財主巴菲特聽了也跟進，捐出85%，比爾‧蓋茲因此又加碼到98%。他們兩人用捐出來的錢成立了基金會，專門研究愛滋病和癌症新藥，便宜賣給非洲人，並且在非洲的貧窮鄉鎮蓋學校，從根源解決貧窮問題。

2008年，波諾獲得諾貝爾和平獎。他告訴美國人要學會知足，因為會知足的人，就會感恩；會感恩的人，就會知道分享。只有貪的人，才不懂得知足，這種人只會越貪，結果是越貧窮。這是心靈的感受，不是數字的多寡。這一點，恐怕也是台灣人最欠缺而最需要學習的。

DAY

25 在暗中所做的事，上帝都在看

〈箴言〉第10章6至10節

正直人得到祝福；邪惡人的話藏匿殘暴。正直人被懷念；邪惡人身敗名裂。聰明人從善如流；說話愚妄，自招衰敗。誠實人起居穩妥；欺詐的人終會敗露。隱藏真相的人惹動糾紛；坦白規勸的人促進和平。

　　有以上帝準則行事的「義人」存在，相對的也有一種人，就是〈箴言〉作者最常說到的「邪惡人」。這種人心中沒有上帝，所以把自己當作上帝。也可以說這種人是「我行我素、不顧慮他人」的人，他們不會考慮別人是否會因為自己的言行舉止而受到傷害，只想到自己的利益，只要是對自己有利的，就會傾全力去爭奪，甚至不擇手段，只為了獲得自己想要的。

　　顯然，這種人是自私的，也是貪婪的。〈箴言〉作者說這種人心中藏匿殘暴，也因為這樣，終有一天，上天會懲罰。對這種只顧自己，既自私又殘忍的人，上帝報應、懲罰時，一點也不寬恕，就像這種人作惡時出手殘酷一樣，上帝懲罰他們時也不會手軟。

　　這就像耶穌所說的，我們用什麼量器量別人，上帝也會用什麼量器量我們（參考馬可福音4:24）。到頭來，作惡的人，面對上帝審判時，就會帶來身敗名裂的結果。相對的，時常會想到上帝的教導、將之實踐出來的人，在任何時代、任何地

方，都是會令人懷念的人。

　　說到「邪惡人」最常有的念頭，就是以為沒有人知道，因為他們都在暗中策劃想做的壞事。

　　這讓我想到一部電影《我只是個計程車司機》，是在描寫發生在1980年韓國的「光州事件」。當時的軍事領袖全斗煥發起軍事政變，總統朴正熙被暗殺，全斗煥藉此奪取總統位置。他確實當上了總統，還利用權柄掩蓋了發生在光州的事件，就是一群大學生出來抗議，但他下令軍方開槍掃射抗議的學生。

　　那時剛好有一個德國媒體記者，因為聽到風聲，趕緊搭了一部計程車趕去光州。計程車司機根本不知道那裡發生的事，還以為可以賺一筆長途車費，讓他的家人吃飽飯，沒想到他到了光州後，差一點跑不出來。

　　因為是戒嚴，搜查很厲害，他也發現這位乘客記錄了事件發生的景象，於是他想盡辦法，要將這位德國記者送到當時的漢城國際機場。有好幾個計程車司機知道這件事，就暗中聯合起來協助，阻擋追緝這台計程車的軍方車輛，好讓這位司機可以順利離開光州。當這位記者抵達漢城機場時，用一個喜餅盒裝他所拍的底片，就這樣躲過海關嚴密的檢查。結果，這些記錄影片首先在德國公開發布後，全世界才知道全斗煥為了要搶奪總統位置，這樣殘害、屠殺自己的人民。

　　我們台語有一句話形容得很貼切，就是「鴨卵卡密，嘛有縫」。千萬不要以為沒有人會知道，有的，就是所謂「老天有眼」。耶穌說終有一天，暗中所做的事會被揭露出來（參考路加福音12:2）。所以〈箴言〉在這裡就說「誠實人起居穩妥」，意思就是每天生活都可以安然自在，不用擔心會被人抓包。

　　有一種記者被稱為「狗仔隊」，他們專門找社會上有名望的人，看他們到底是在做什麼。也因為這樣，很多公眾人物的私事就被曝光了，例如明星的戀情或是要離婚等等。有許多政治人物的不妥行為也因為這樣曝光，例如已經結婚了，卻還跟自己的秘書去汽車旅館幽會；或是有些政治人物私下碰面，卻是在暗中策劃惡事。這些人在做這些事時，往往以為沒有人知道，其實錯了，即使沒有「狗仔隊」拍到照片，也會被上帝看見。耶穌就一再強調，上帝看人於暗中所做的一切事（參考馬太福音6:4、6:6）。

　　但什麼樣的人不會害怕「狗仔隊」的追逐呢？就是〈箴言〉作者所說的「正直人」，這種人聽從上帝的話，無論到哪裡都可以心安理得、不用膽怯。這樣的人，上帝會賞賜福氣——真正的智慧——給他，讓他得到生命的活力，無論面對怎樣惡劣的環境，都可以從中脫離出來。

DAY 26 約束嘴巴、不亂開口的智慧

> 〈箴言〉第10章17至21節
>
> 心懷忿恨的人是騙子；散播謠言的，愚不可及。多言多語難免犯錯；約束嘴巴便是智慧。正直人的話好像純銀；邪惡人的心思毫無價值。正直人的話造福人群；愚蠢人因無知而死亡。

　　講話，這是只要耳朵沒有問題、舌頭沒有困難的人，一定都會的一種天賦能力。但是怎樣講才得宜，卻是一門極大的學問。因此，每當我們聽到有人講了非常適當的話，化解了原本可能引發的衝突時，就會說那個人很有「智慧」。因此，〈箴言〉就有一句話這樣說：「一句話表達合宜，就像金蘋果放在銀盤中。」（25:11）

　　〈箴言〉作者在這裡說到講話的智慧。首先提到「散播謠言的，愚不可及」，原因很簡單，這種人就是作假證，是可惡的行為，上天一定會懲罰。

　　接著〈箴言〉作者提到「多言多語難免犯錯；約束嘴巴便是智慧」，這句話即使到今天都是很有用處。這裡所謂的「多言多語」，意思是亂講話之意，也就是一個人應該是按自己所知道的講，而不是連不知道的也講得天花亂墜。耶穌就說過這樣的話：「你們說話，是，就說是，不是，就說不是；再多說便是出於邪惡者。」（馬太福音5:37）

　　因此，〈箴言〉作者在這裡說聰明的人會「約束嘴巴」，

意思是一個有智慧的人，不會隨便開口講話。新約聖經〈雅各書〉（雅各伯書）第1章26節這樣寫道：「誰自以為虔誠，卻不管束自己的舌頭，便是欺騙自己；他的虔誠毫無價值。」確實，因為虔誠就是指真心誠意、不虛假的態度，這樣的人會知道上帝鑒察人的心思意念，所以抱著真誠的心態開口說話，是很重要的一件事。

　　再來，〈箴言〉作者在這裡說「正直人的話好像純銀」，這句話很有意思。我們知道聖經時代，「銀」是貨幣單位，即使在今天也是很貴重的金屬之一。聖經時代，王公貴族的裝飾品都是用銀打造的。而這裡說「純銀」，表示更高檔、更貴重。因此，「正直人」（指善良、與上帝關係和諧的人）所講的話，是會幫助人的，特別是對於弱勢者、受到欺負的人，這種人總是會替他們伸張正義。因此，〈箴言〉作者說這種人講的話，就像由純銀打造、別在貴族身上的裝飾品一樣，好看又美麗。

　　與「義人」、「正直人」相對的，就是邪惡的人。上帝很清楚這種人的「心思意念」不會是好的，就像〈箴言〉作者所說的，這種人想的只是要害別人，為了貪圖別人的財產，也會不擇手段。這種人最拿手的方式之一，就是說出動聽的話，好欺騙人。但上帝不會賜福給這種人，連跟這種人作朋友的人，也不會得到上帝的賜福。

　　〈箴言〉作者在這裡說出很重要的一句話，就是「正直人的話造福人群；愚蠢人因無知死亡」，這就像前面說過的，「正直人」因為有上帝賜福的智慧，行事為人都會依照上帝的準則，知道怎樣去幫助貧困、痛苦的人，因此，很自然地，他們所說的話，是對人有益處的，不但不會傷害人，而是會幫助人。因

為他們關心受到迫害、欺壓的弱勢者。而「無知的人」根本就不知道是非對錯，沒有辨別的能力，只會人云亦云，結果被陷害了也不知道，這是非常可惜的事。

　　怎樣說出適當的話？雖然說話這門藝術跟我們成長、學習和工作環境有密切的關係，但是，即使是在最壞的環境下，也要先從學習智慧開始，而學習智慧的最好方式，就是先從誠實開始學起。

　　有了誠實的心，知道上帝看著我們的內心意念，這樣，我們至少可以判別所看見、所聽到的，是否和事實相符？若是不相符，就不要跟著亂講。然後要更進一步，將這種欺騙的事揭發出來，以這種心態講出來的話，就會幫助、造福更多的人。

DAY

27 真正可以致富的 財富密碼

〈箴言〉第 10 章 22 至 25 節

上主降福使人富足；單靠勞碌不能致富。愚妄人以作惡為兒戲；明達人以智慧為喜樂。義人的願望得以成就；邪惡人所畏懼的偏偏臨到。暴風一到，邪惡人被颳走，正直人卻始終穩妥。

讀聖經要注意一點，當談到「財富」時，並不是只講可數的物質財產，財富也可以看成知識、能力、才華等等。因此，猶太拉比就針對這種財富，講了一個這樣的故事：

有一次，一位拉比受邀去遠處授課，他搭的是一艘大船，乘客幾乎都是商人。這些商人帶著滿滿的貨品，要跟他到同一個大城去經商。在船上，大家都會彼此交換所要販售的商品，有的在船上就完成了交易。只有這位拉比靜靜地站在他們身邊，聽他們談論商品和經商賺大錢的心得。

這些大商人對這個靜默不語的人感到奇怪，就問他從事哪個行業。拉比說：「我是個老師，不是商人，我教導人認識聖經的話。」說完，他從衣袋內拿出一本聖經給這些富商看。這些商人聽了之後，都笑他「很可憐」，他們低聲嘲笑說：「聖經、上帝的話有什麼用？又不能賺錢。」

過了一天，突然遇到狂風暴雨，整艘船搖晃非常厲害，眼看船艙進了許多水，有可能會沉沒。因此，船長下令水手將所有船艙裡的貨品都丟棄，好保持船身穩定。船員立即將所有貨

品都丟棄了,這些商人只能眼睜睜地看著他們最重要的財產被丟棄,也只能仰天嘆氣。後來,雖然大家保住了性命,但什麼東西也沒有就上岸了。

這些商人都在一夕之間成了窮人,只有這位拉比好像很自在地上岸。看著垂頭喪氣的商人們,拉比告訴他們,錢財並不是生命的倚靠,因為我們生活的世界是多變的,這些身外之物隨時可能會失去。就像〈箴言〉第11章28節所說的:「倚靠財富,像秋天落葉。」另外在第23章4至5節也說:「要聰明些,不要耗盡心力追求財富。錢財轉瞬消失,好像長著翅膀,如老鷹飛走。」

這位只帶一本聖經的拉比,他一上岸,馬上有人來接他去授課。他所有的財富就是藏在身上的一本聖經。他在該大城授課三年,等他要搭船返鄉時,許多學生都到碼頭去送他,也給他很多禮物,讓他風光無比。他在碼頭發現幾個乞丐,仔細一看,竟然是當時同一艘船上的富商,因為所有物品都在風浪中被丟棄,上岸後身無分文,只好以乞食為生。這位拉比就將學生送給他的禮物轉送給這些落魄的商人,並且還出船資,帶他們回家鄉去。

猶太拉比說完這故事,做了一個結語:真正的財富,不是看得見、可數的物品,而是知識和內心的富足。所謂富足,就是對貧困的人會適時伸出救助的手。

〈箴言〉作者在這裡說「上主降福使人富足」,這裡所說的「降福」可說是「智慧」,一個人若有智慧,就會為自己、為他人帶來許多生活技能,特別是生命的勇氣,而這並不是用錢或其它物品就換取得到。這種生命的勇氣,就像〈箴言〉作者在

這裡所說的「正直人卻始終穩妥」,即使是「暴風」吹來、暴雨襲擊,就像前面拉比所說的故事一樣,真正認識上帝的人,他的智慧會讓他即使面對生命的威脅也不會害怕,這才是真正的財富。

DAY

28 只有正直人的盼望，才會帶來喜樂

〈箴言〉第 10 章 27 至 31 節

敬畏上主的人延年益壽；邪惡人命短福薄。正直人的盼望帶來喜樂；邪惡人的盼望有如泡影。上主保護誠實人；他消滅作惡的人。義人不致流離失所；邪惡人不能安居樂業。正直人口中常有智慧；邪惡人的舌頭要被割掉。

　　〈箴言〉裡一再說到，壞人、作惡的人，或是說愚蠢的人，他們活著的日子總是不會安寧，因為他們需要處處防範被別人揭發所犯的罪行。

　　我們可以舉個很簡單的例子，有些很會詐欺、騙人的人，將公司惡性倒閉之後，帶著大筆金錢到國外去躲藏起來。不論他們帶去了多少錢，即使已經改名換姓，其實他們的內心都會很害怕，怕萬一有一天被認識的人指證出來。從過去到現在，我們一再發現有些公司的負責人，昧著良心，利用夜間將公司有毒的廢水排放到一般排水溝裡。為什麼他們會利用夜間？就是怕被人發現和舉發。但利用夜間排放有毒廢水，這種人真的會心安嗎？

　　做壞事，並不是沒有被人發現就沒問題。因為上帝是無所不在、無所不知的上帝。對上帝來說，不論白天或黑夜，都是一樣，因為白天和黑夜都是上帝親手創造的。上帝當然清楚人在黑夜中所做的一切事情。那些做了虧心事的人，以為自己做

的事情沒人知道，其實早就暴露了。

白色恐怖的統治時代，有許多人被別人冤屈、設計出賣，有些嚴重的被槍斃，輕微的關在監牢裡，從五年、七年，到十幾二十年的都有，有的人甚至不知道自己到底是什麼原因才被關進去。我認識一位外科醫生名叫林恩魁，他在1950年被台大醫學院同班同學檢舉，說他參加一個「左派」讀書會。那個同學會檢舉他，是因為那時國民黨政府鼓勵大家出來「自新」，就可免刑責。他的同學為求自保，就出來「自新」，還檢舉了他。

林醫師後來被判七年徒刑，他在綠島服刑時收到判決書，才知道原來是被同學檢舉。他把判決書拿給來探望他的妻子。有一天，林夫人和一位同學從高雄搭火車上台北，去一家診所看病。輪到林夫人時，她和同學一起進入診間，醫生問她身體哪裡不舒服，林夫人說「心裡很不舒服」，然後拿出判決書，告訴那位醫生：「我先生是你的同學，你害他現在在綠島服刑。」

原來這位醫生就是當初檢舉林醫生的同學，他一瞬間臉色蒼白，一句話也說不出口。林夫人和她同學說完就離開了。她說：「我要讓他知道，我們已經知道他做了一件出賣朋友的事，我想他應該感到羞恥。」

耶穌說過這樣的話：「一切隱藏的事都會被揭發，秘密的事也會被洩露。因此，你們在暗中所說的話會在光天化日下被人聽到；你們在密室中的耳語也會在屋頂上給宣佈出來。」（路加福音12:2-3）真的是這樣。

最後，〈箴言〉作者在這裡也提到一件很重要的事，那就

是「正直人的盼望帶來喜樂」。因為義人的生命態度是樂觀的，他們心中有上帝，知道在上帝手中沒有不能成就的事。他們在生命遇到困境時也不會氣餒，也不會對生命有絕望的想法。因為他們知道要尋找這位全能的上帝幫助。因此，即使在罪惡的環境下，也會對生命存著喜樂的心。

　　使徒保羅寫信給羅馬教會時，這樣告訴該教會的信徒：「在患難中，仍然要喜樂。他說這樣就可以培養出忍耐，且能帶來上帝所賞賜的盼望。」（羅馬書5:3-4）他也說：「在盼望中要喜樂，在患難中要忍耐。」（羅馬書12:12）原因只有一點：相信上帝會伸手，不會讓忠實於祂的子民失望。這就是基督宗教信仰的特質。

DAY

29 誠實，從家庭教育開始

〈箴言〉第11章1至5節

上主厭惡不準的天平；他喜愛公平的法碼。驕傲人有恥辱跟隨他；謙遜人有智慧陪伴他。正直人有誠實導引；奸詐人因乖謬毀滅自己。面臨死亡，財富無用；唯有誠實能救援生命。誠實使正直人走平坦的路；邪惡人自取敗亡。

　　這段〈箴言〉開始就說「上主厭惡不準的天平；他喜愛公平的法碼。」這也是摩西法律中的規定（參考利未記19:35-36）。從字面上看起來，好像是在講商場買賣必須要誠實，不可以有欺騙的行為。先知以西結（厄則克耳）、阿摩司（亞毛斯）、彌迦（米該亞）等，都有提到必須要用正確的法碼做生意，因為這是上帝所訂定的規矩，上帝很不喜歡欺騙的行為（參考申命記25:13-16）。

　　不欺騙，就是要誠實。讀〈箴言〉的人一定會發現，作者一再強調誠實的重要性。這裡說一個正直的人，也就是公正的人，他的言行舉止都是誠實的，這樣的人也是可以被信任的人。**要誠實，就必須從家庭教育開始**，從基礎教育就要好好打下根基。這點在我們台灣社會很薄弱，原因是過去在戒嚴時代有很長的一段時間，我們教育的基礎就是欺騙。

　　從孩子小時候開始，父母往往就會欺騙孩子。因此，我們有了這樣的俗語：「騙囝仔」或是「囝仔『騙』一下」。問一

個人在哪裡工作，對方回答後，我們稱讚說「不錯啊」，對方表示謙虛時，還會說「騙吃、騙吃啦」。其他像是「加減騙一下」、「矇騙、矇騙」等，這些用語的出現，就表示我們過去確實是在一個很不誠實的社會氛圍中。還好，現在已經有了改善，但還是要持續帶領全體社會回到「誠實」的生活和工作上。

有誠實，就不會有欺騙的法碼出現；有誠實，就不會有接受賄賂的官員；有誠實，就不會有工程偷工減料；有誠實，就不會出現「假訊息」等等。在基督宗教信仰裡，這點是非常重要的。就像詩人所說的，只有手潔心清的人，才能面對上帝、敬拜上帝（參考詩篇24:3-4）。耶穌也這樣說過：「心地純潔的人多麼有福啊；他們要看見上帝！」（馬太福音5:8）最重要的是，誠實，不是靠自己的嘴巴講的，而是要面對鑒察人內心的上帝的審核。

相對於誠實，就是欺騙。欺騙的另一個意思，就是「貪」。而貪，就是「拜偶像」（參考以弗所書5:5），意思是心中沒有上帝。

〈箴言〉的作者在這裡很清楚地說，「面臨死亡，財富無用」，只有「誠實能救援生命」。所謂面臨死亡，意思是面對上帝審判時，就算有錢也沒有用。因為上帝知道人的心思意念，且是根據人的心思意念作為審判的標準。

新約聖經有一則故事很有意思，記載一位有錢的財主來找耶穌。他問耶穌一個問題：要怎樣做，才能得到永恆的生命？耶穌問他日常生活有否依照準則（就是社會道德規律），財主說這些他從小都有遵守。耶穌覺得這個財主很不錯，表示財主的錢財並不是用欺騙手段得來的，因此耶穌就告訴財主，他只

差一件事；將財產變賣之後，拿去賙濟窮人，然後跟隨耶穌去傳福音。

這個財主聽了之後，非常失望地走了。當他走了之後，耶穌說了一句很有意思的話：「有錢人要成為上帝國的子民，比駱駝穿過針眼還難！」（馬可福音 10:25）

在我們的社會經常會聽到一句話說：「只要有錢，沒有什麼是買不到的。」要不然就是說：「只要有錢，這世上沒有什麼事，是不能解決的。」於是，我們培養了所謂「有錢，可使鬼推磨」、「有錢，講話會大聲」、「有錢，喊水也會結凍」這樣的俗語出來，但事實上並不是這樣。

因為我們也看見這個世界上超級有錢的「蘋果手機」創辦人賈伯斯，並沒有辦法使他的生命延長，再有權勢的人照樣會死去。無論一個人累積起來的財富多大，無論他是多麼富有，有一天還是會去世，且去世之後，就不曉得這些財富將歸給誰得到。

每個人都要面對上帝的審判，〈箴言〉作者說，只有誠實的人，才會得到上帝的拯救。因為上帝喜愛誠實的人。

DAY **30** 不搬弄是非，
是說話的基本要件

〈箴言〉第11章9至13節
—
不虔的人以言語敗壞鄰舍；義人的智慧能救助別人。義人發達，
合城喜樂；邪惡人喪亡，大眾歡呼。城邑因義人居住而興隆；市
鎮因邪惡人的言語而傾覆。嘲弄鄰舍毫無見識；明智人緘默不
言。愛說閒話的，洩漏機密；誠實人堪受信託。

　　我們無論是用什麼方式說話，都有一個基本要件，就是講
誠實話。使徒保羅也說，我們應該「以愛心說誠實話」（參考
以弗所／厄弗所書4:15）。說誠實的話才能見證自己心中有上
帝，因為這樣的人深深知道，上帝在聽、在鑒察人內心的意
念。講一些虛情假意的話，或說不誠實的話陷害別人，這些都
是上帝厭惡的行為。

　　〈箴言〉作者在這裡說「不虔的人以言語敗壞鄰舍」，「不
虔的人」就是驕傲的人，這種人會瞧不起鄰居，甚至會用很不
妥當的言詞損害鄰居。這種人就是所謂的「愚蠢人」。作者會
說「嘲弄鄰舍毫無見識」，原因就像我們常聽見的「遠親不如
近鄰」這句話，確實是這樣，特別是在這工商發達的時代，已
經不再像過去農業社會時代，大家族生活在一起。因此，與鄰
居和睦相處，這些鄰居就會比我們自己親生的兒女更重要。

　　現在很多年輕人都必須遠離家鄉，到外地去工作，留下許
多年老的父母獨居生活，這也是台灣社會獨居老人越來越多的

原因。因此，政府推出「長照2.0」的福利政策，其實是和這樣的社會形態有密切關係。

〈箴言〉作者也在這裡提到有一種人，就是「愛說閒話的」，以我們今天比較熟悉的名詞來說，就是愛講八卦的人。這種就是台語所說的「講閒仔話」，意思是講的內容並不一定是真的，卻是會損害別人尊嚴的話。〈箴言〉作者說，這種人是不可靠的人。因此，從一個人所說的話，就可以知道這種人是否誠實可靠。

〈箴言〉作者就說了這句「誠實人堪受信託」，意思是面對誠實人，你將秘密的事告訴他，他一定持守著，不會外洩出去。當一個人會守住別人講給他聽的私密話語，就表示這種人是可靠的人，可以將重要的事託付給這種人。台語就有這樣的話：「寄話會加；寄物會減。」確實是如此。

我常提醒信徒注意，在教會裡不要亂講話，也不要講所謂「秘密的話」。愛講「秘密的話」的人，要講的時候，都會這樣說：「我告訴你一件秘密，你不要講出去。」結果大家都把同樣的話講給別人聽，不多久，整間教會都知道有一件「祕密的事」，也都知道「不要告訴別人」，結果大家都知道了。教會若是如此，社會團體也會是這樣，整個國家也會因此亂成一團。

我們常看到新聞媒體為了誇耀自己的新聞記者很有能力採訪，或是設法獲得特別的消息，就會打出「獨家報導」這樣的標題。其實，這是一種商業行為，已經喪失了媒體記者應該有的公正立場。真正好的媒體，會先了解一下這樣的新聞是否有外洩到其它媒體上面。**若是沒有，只有你自己有，就要特別小心，這不一定是好事。**

再者，若是有政府官員故意洩漏某條新聞給特定的媒體記者，這樣的官員是最不可靠的，他今天可以故意洩露消息給你，改天也會出賣你。因此，不要因為獲得獨家消息而高興，是要因為獲得這消息，而知道使命感加重，要謹守自己的嘴，不要洩露出去。

有時候，簡單的一句話，帶來的惡果往往出人意料。摩西法律就很清楚規定：「不可到處搬弄是非；不可危害同胞的性命。」（利未記19:16）這些讓我們知道，講適當的話，是非常重要的一門生命功課。

DAY

31 伸出援手，就是智慧的記號

〈箴言〉第 11 章 17 至 21 節

仁慈人造福自己；強暴人殘害己身。邪惡人只得虛假之利；正直人必獲真實獎賞。立志行善，必得生命；決心作惡，招致死亡。心地邪惡，上主憎恨；行為正直，蒙他喜悅。邪惡人難逃懲罰；正直人都蒙救援。

　　基督宗教信仰很強調一件事：要心存憐憫。特別是對生命有苦難的人，更要伸出援手給予疼惜、幫助。就像耶穌教導門徒和跟隨群眾所說的：「以仁慈待人的人多麼有福啊；上帝也要仁慈待他們！」（馬太福音 5:7）所謂「仁慈」，這一詞也可以表示堅忍的愛。

　　任何宗教信仰都會談到一個共同的基準點：就是「上蒼會報應」。這點認識很重要，因為有報應，才會讓邪惡的力量減弱。這種報應往往不是法律上的制裁，而是一種內心的不安，甚至一直恐懼到生命的末了。大家應該知道，當一個人生活在恐懼中，那種生活是非常痛苦的，就像一個人如果無法安眠，那種痛苦比肉體的痛苦更痛。

　　因此，〈箴言〉在這裡就說了這句話：「強暴的人殘害己身。」這裡所說的「強暴」，意思是用殘酷的手段對待別人，這樣的人必定會得到相同的待遇。耶穌說過，一個人用什麼量器來量別人，上帝也要用同樣的量器來量他（參考路加福音

6:38）。這就很像俗語所說的「善有善報，惡有惡報」，這話是可信的。

近幾年來，台灣社會一再發生詐騙集團的騙錢事件。這些人並不是一般的小偷，而是對現代科技的電子用品相當有研究的人。例如會利用電話，說你的健保卡被濫用，要趕快停止健保卡，然後要你馬上打電話回報；或是會說，要核對你的銀行帳戶的匯款情形等等。類似這種情況，聽起來好像沒有什麼，但當你打個電話回覆查證一下，結果就狀況連連了，不是銀行裡的存款被盜領殆盡，就是會接到恐嚇電話，要你立即匯入哪個帳戶，或是去提領現金，有人會去收等等。

這種人越來越多，詐騙的手段也越來越細膩。但不要忘記，〈箴言〉作者說用欺騙得到的錢，結果還是一樣空空的。不但這樣，只會讓自己更墮落到必須面對上帝的審判。真的一點點幫助也沒有。

前面提過上帝所不能容忍的七件事，這些惡劣行為中，除了第一件「傲慢的眼睛」外，其餘都是會造成別人生命危險的事，難怪上帝不會寬待做這種邪惡之事的人，一定會嚴厲懲罰。為非作歹的人，上帝絕對不會袖手旁觀，而是會追究到底，逃不過上帝公義的審判。而與這些相對的，就是〈箴言〉作者在這裡所說的，立志行善的人，會得到生命。

因為這種人彰顯了上帝的形像，是上帝所喜愛的子民。這樣的人，一定會得到上帝賞賜給他「生命」，意思是上帝會看顧、保守他的生命，使他活著的日子裡，充滿了生命的活力。不但他自己活得快樂有力，也會使更多的人因為他而受到幫助。

可以這樣了解：**生命最大的喜樂，就是伸手幫助別人，讓陷**

入困境的人，**得以脫離困境**。這種會對苦難者生出憐憫之心的人，是上帝最喜愛的對象。這些人會得到上帝賞賜的生命，就是一種生命的飽足、喜樂、知足，與平安。這不是金錢或權勢可以換得的，因為這是來自上帝的賞賜。

DAY 32　智慧就是最優質的素養教育

〈箴言〉第11章22至23節

貌美而無見識的女人，恰如豬鼻子帶著金環。正直人的心願結出善果；邪惡人的期望干犯眾怒。慷慨好施，日益富裕；一毛不拔，反更窮困。慷慨好施，更加發達；幫助別人，自己受益。

　　很多人喜歡長得很漂亮的女子，特別是父母，如果是生了女兒，從小就將她打扮得很漂亮，有的父母更希望女兒成為明星。也有很多父母希望自己的兒子是個帥哥、偶像，可以成為眾人追逐的對象。

　　現在網路媒體很發達，有不少人就在直播平台成為「直播主」，想盡辦法要讓自己成為「網紅」。其實這些都是很好的事，因為兒女是父母心中的寶貝，特別是現在生的少，甚至只生一個，更是許多父母（特別是阿公阿嬤）無法分割的珍寶。

　　只是問題在於，父母怎樣教導這些孩子擁有好的素養？父母要怎樣在行為上讓子女學習？這才是真正的重點。

　　當「網紅」、「直播主」等，讓更多人喜歡，這是很好的事。但問題是，他們在自己節目中講的是什麼內容。我們看到不少案例，都是這些年輕一代「網紅」所傳播的並不是很有內涵的內容。雖然從他們直播的影像中看得出來都是帥哥美女，但就像〈箴言〉作者在這裡說的：「貌美而無見識的女人，恰如豬鼻子帶著金環。」這兩句引用自西亞地帶的俗語，已經很

清楚在說明外在與內在的不對稱。

　　台語有個形容詞很不錯，就是所謂的「氣質」。這種「氣質」是需要經過嚴謹的教育，才能學習得到。就像我們常聽到的一個很不錯的名詞，就是「素養」。不論是「氣質」或是「素養」，這都不是平白得來的，更不是父母基因傳承下來的。而是確實有讀過書、瀏覽過許多文學名著才有辦法累積起來，且是有好的學習對象留下美好的榜樣，使後進者想要跟著學習，這樣「氣質」才會顯露出來，「素養」才會有高品質。

　　我們也看過有不少有錢人，受過大學以上的教育，甚至有的還曾到外國去讀書，且是有名的名校出身。因為有錢，也會花不少錢去整型外科，請醫生幫忙整修儀容，讓自己的外表光鮮亮麗。但當這種人發表言論，我們常常可以聽到別人形容這種人講話的態度，簡直是「財大氣粗」、「目中無人」、「口無遮攔」。如果碰到這樣的人，也可以用這句流行在西亞地帶的俗語來形容，說他像是掛著金環的豬一樣，意思是很不搭調。

　　但相對的，我們也常會遇到有的人並不富有，也沒有什麼高等學歷，可是聽到他講話，總是條理分明，且是很謙虛的態度，對詢問他問題的人（即使對方是用很不客氣的語氣），他也總是不厭其煩地解說。這種涵養很好的人，是不會用嚴厲詞句，更不會用不正確的言詞來罵別人，這就是所謂的「素養」很好，讓與他相遇的人都感覺他就是很有「氣質」。

　　「素養」和「氣質」很好的人，也會知道一件事：越會心甘情願地幫助人，內心越是喜樂，這是一種所謂的「善果」，也就是好的結果。他們會希望這份「善果」傳出去給更多的人，就像在基督宗教的信仰裡面，經常會有信徒這樣做：他們出手

幫助別人，後來被幫助的人想要回報時，他們往往會婉拒，然後說「你有能力的話，可以去幫助別人，這樣就好了」。

　　這也是在實踐耶穌所教導的，右手所做的善，不要讓左手知道，但上帝會知道（參考馬太福音 6:3-4）。這樣，既可保護被幫助者，使他有尊嚴，又可因為所做的美善之事，獲得上帝賞賜的力量。這就是〈箴言〉作者在這裡所說的：「慷慨好施，更加發達；幫助別人，自己受益。」不要懷疑這樣的教導，很多人確實有這樣的經驗。

DAY
33 以色列人不願 「做錢奴才」的原因

〈箴言〉第11章27至31節

竭力行善，受人敬重；追尋邪惡，禍患臨頭。倚靠財富，像秋天落葉；義人繁茂，如夏季的綠葉。擾害己家的，終必傾家蕩產；愚拙人必作明智人的奴僕。

當我們今天的世界都把一切往「錢」看的時候，若是能回到耶穌所講的話，就會很有意思。耶穌曾對跟隨他的人說過這樣的話：「你們要謹慎自守，躲避各樣的貪婪；因為，一個人無論怎樣富裕，他的真生命不在乎他有多少財產。」（路加福音12:15）他也告誡民眾說：「沒有人能夠伺候兩個主人。他要不是厭惡這個，喜愛那個，就是看重這個，輕看那個。你們不可能同時作上帝的僕人，又作錢財奴隸。」（馬太福音6:24）

台語就有一句俗語說：「做錢奴才。」表示一個人為了賺錢，已經完全沒有了自己，只要有錢賺，其它都已經不是他所考慮的了。其實，這是很愚蠢的人才會有的生命價值觀。若是從以色列民族的歷史來看，就很清楚他們並不會這樣。

以色列人從歷史教訓中學習很多，他們的祖先雅各帶著家族進入埃及，原本過著很優雅的生活，因為雅各最疼惜的兒子約瑟在埃及當宰相。他們在埃及寄居一段時間後，逐漸在埃及發大財，漸而成為貴族。這樣，一代又一代，他們子孫增加非常多，擁有越來越多的土地、財富、奴隸。

　　經過很長一段時間後，一個新的埃及國王發現以色列人發展成一股強大勢力，會威脅到埃及帝國的存亡。因此，這位國王改變國家政策，縮減以色列人在埃及的各種福利、權利，甚至後來採取兩大政策，一是迫使以色列人必須從事勞力工作，二是不准以色列人擁有男子傳承後代。這就是後來摩西帶領以色列人離開埃及之因。他們就是空手離開，過去在埃及累積起來的財富全部消失。

　　以色列人第二次的經驗，是西元前721年，北部十個族群的區域被亞述帝國佔領，所有有能力工作的人都被帶到奴隸市場去拍賣，使他們幾乎面臨滅種的危機，這也是後來他們改變看法，將傳承族群的認定從原本的男性改成女性之因。同樣地，奴隸，就是別人的財產，自己只能在主人家裡工作到死為止，就更不可能擁有自己的財富了。

　　第三次的苦難經歷是在西元前586年，南部兩個支族被巴比倫帝國消滅，人民被擄去巴比倫的集中營過著奴工生活，金錢和尊嚴都沒有了，連生命都受到威脅。

　　其實這當中還有許多被驅離而必須遷移的經歷，這些經歷都在告訴他們，金錢這種東西是身外之物，隨時可能因為環境變遷就消失。這也是〈箴言〉作者在這裡所說的「倚靠財富，像秋天落葉」一樣，且是會消失得非常快，甚至更嚴重的，就是完全倒在地上，爬不起來。

　　類似這種案例，國外的我們不說，我相信最近幾年來，單是在我們國家就可以舉出許多例子，就是有許多累積龐大財富的人，突然發生變故，或是原有的財富突然間因為各種原因消失了，有的家族企業持續將近一百年，還是一樣，失去了。無

論是誰，無論實力有多強，世界是一直在改變的。不是上帝給的，很快就會消失殆盡。

就像前面敘述過的以色列人，他們就是經歷過好幾次的慘痛教訓，才學會回到聖經裡來認識並且遵行上帝的話。因此，他們學會一個很重要的認知：**要將這些隨時會消失的財物，換成永遠會存在的價值之物，這就是智慧。**

他們知道真正的財寶是智慧，因為智慧是和人的心連結在一起。有真實的智慧，才會使人知道如何建構生命中最重要的基礎，就是從真實信仰著手，打下深厚的根基。當一個人有真實信仰時，他就會知道，把手伸出去幫助困苦、有需要的人。而這受到幫助的人，就會成為延續生命之力，以及回來幫助你生命的助力。這就是〈箴言〉作者在這裡所說的「竭力行善，受人敬重」。

DAY

34 在家庭與職場中，都當一個可靠的人

〈箴言〉第12章3至7節
———
作惡不能使人安全；義人堅立而不動搖。賢慧的妻子是丈夫的華冠；無恥的妻子恰如丈夫骨中的毒瘤。正直人以公正待人；邪惡的人只圖謀欺詐。邪惡人的口舌能殺人；義人的言語能救人。邪惡人敗落，子孫不繼；義人的家室得以存續。

　　前面一再說過，聖經說到「義人」這詞的時候，指的就是知道**怎樣和上帝保持和好關係**的人。因為和上帝保持緊密的關係，因此，每當他們遇到困境時，就會感受到上帝的力量在支撐著，這就是詩人在這裡所說的「義人堅立而不動搖」。

　　「堅立」一詞，是古代社會蓋房子或是建造城市時的用語，表示可以長久持續站穩下去。這就是耶穌所說把房子蓋在磐石上之意（參考馬太福音7:24）。而「動搖」這詞是取自種植樹木的經驗，若種樹沒有紮實，種下去的樹苗就無法長大，或是會成長歪斜，甚至很快就會倒下來（參考箴言10:25）。

　　上帝的十誡就是將「堅立」的概念套用在家庭生活中。十誡的第五誡談到家庭生活中，當子女的必須孝敬父母，並且說若如此，就必定可以在所居住的土地長久生存下去（參考出埃及記20:12；申命記5:16），物質生活不會有欠缺，因為有上帝的賜福。

　　但所謂孝敬父母，並不是父母說什麼都要聽、要做，而是

不要輕視、汙衊父母的養育之恩。今天的社會常常會聽到、看到父母並沒有盡到養育子女之責，更嚴重的是把子女當作搖錢樹，最令人難過的是將女兒賣為娼妓，這樣的父母要求子女對他們孝敬，那是很錯誤的。因為聖經也說，當父母的要疼愛自己的子女，用真實的愛去疼惜、教育。

把「堅立」的概念用在婚姻裡，就是台語俗語所說的：「娶到好某一世人。」這意思很清楚，就是好的妻子，就是幸福。聖經〈創世記〉第2章18節提到，上帝創造了男人後，發覺單獨一個男人住在伊甸園裡不好，於是從男人身上取出一支「肋骨」創造了女人。上帝創造女人的原因，是希望女人能成為男人的「幫助者」。這個「肋骨」的意思，是指「生命」，換句話說，女人成為男人的「幫助者」，意思是成為男人生命的支撐力。

也就是說，一個男人的生命能夠持續下去，是因為有女人支撐著。所以〈箴言〉作者在這裡說：「賢慧的妻子是丈夫的華冠。」這「華冠」一詞，意思是指榮譽、光彩，也可以表示「生活很美滿」、「充滿著上帝賜福的恩典」。

相對於「賢慧的妻子」，就是「無恥的妻子」。這裡所說的的「無恥」，意思是只會嘮叨（參考19:13）卻不想做事，整天無所事事，只知道四處去串門子、講八卦。〈箴言〉作者說這種妻子就如同「骨中的毒瘤」，只會給丈夫帶來疼痛。再者，「毒瘤」也表示「無藥可救」之意，因為這種妻子只會「拆毀家室」（參考14:1b），一點幫助也沒有。

把「堅立」的概念用在職場上，就是在說有一種人，不論在任何職場、社團中，都是大家最需要的人，這就是誠實的

人，也是「可靠的人」。前面提過，過去社會中，常見有錢人家雇用一個工人，因為工人認真又誠實可靠，就把他升起來當「工頭」，甚至將他升為管家，負責管理家裡大小事務。

聖經經常講到忠實管家的故事，像亞伯拉罕（亞巴郎）家裡就有一位忠實的管家，亞伯拉罕派這位管家去替兒子以撒（依撒格）娶妻。這位管家就依照亞伯拉罕所交代的，確實完成。被兄長們賣到埃及當奴隸的約瑟，也因為非常忠實而被主人賞識，讓他管理家裡的大小事務。

為什麼大家都喜歡有「誠實人」在身邊？只有一個原因，就是誠實人最基本的生命態度，就是知道上帝在看。這種誠實人都會培養一種工作態度：對上帝負責。因為他們知道掌管人生命的，是賞賜生命的主宰上帝。

至於「邪惡人」，他們想的就不一樣了；他們只想「圖謀欺詐」，就像先知彌迦所說的，這種邪惡人日夜所想的都是做「預謀的壞事」，他們所策劃的事，都是怎樣貪圖更多的利益在自己身上（參考彌迦書2:1-2）。連他們所說的話，也都會「殺死人」，因此，遠離這種人才有生命的安全。

因此，做一個誠實人，就會使我們獲得別人信任，這樣，無論社會怎樣變遷、環境怎樣變化，誠實人都可以安然自在。

DAY

35　善待自己，保護自己的工作力量

〈箴言〉第 12 章 9 至 12 節

平凡的人靠工作生活，勝過自高自大的人挨餓。正直人愛護動物；邪惡人殘害牲畜。勤勞的農夫食用無缺；追求虛幻的人愚不可及。邪惡人終日想做壞事；正直人堅定而不動搖。

　　我們常聽見一句話，就是認真做工賺錢，總比不勞而獲要來得有意義。這句話聽起來好像沒有什麼特別，卻是普世的箴言。就像〈箴言〉在這裡所說的，一個肯做工而自給自足的平凡人，勝過愛面子、排場大而最後導致自己餓肚子的人。

　　這種愛排場的人，有的是在展現自己的實力，也有的是為了要炫耀自己的能力或財富。但真正有實力的人，不用排場來展現。有實力的人若有素養，就會知道謙卑下來，也就不會喜歡所謂的排場了。但愚蠢的人剛好相反；自己不但沒有實力，卻又不想讓人看不起，就故意用排場來裝飾自己。

　　這種作為往往是出於自卑感作祟，用來隱藏自己的弱點，更糟糕的是，用這種排場來掩飾欺騙的外表，不想讓人知道他正在進行一項欺騙的行為。這種情形台灣最近幾年一再出現。這種人最後只會落得更悽慘而已，就像〈箴言〉作者所說的，這種人的結果就是「挨餓」，一無所有。

　　台語也有一句俗語說得非常好，就是一個人即使貧窮，若是努力勤勞工作、生活知道節儉，也會富裕起來。相對地，就

算是個富有的人，若是懶惰、又喜歡過奢華的生活，也會貧窮下來。

這裡說到勤於耕作的農夫，不怕沒有糧食可出。這也可說是台灣早期農村社會的景象。很多農家都是全家總動員，小孩從讀國小開始，就學會農田的事務，殷勤地整理田地，不會讓雜草叢生，以免稻米、五穀、雜糧的生產受到影響。

但懶惰的人，總是有種「虛幻」的想法，例如希望彩券中大獎，或是希望透過賭博大贏一場，更虛幻的，就是希望撿到珍貴的珠寶。但這些都是很虛幻、不切實際的。千萬不要因為看見別人突然間發大財，自己也跟著做起發財夢。

〈箴言〉作者在這裡說出一件很有意思的事，就是認真工作的人，一定會知道怎樣保護自己的工作力量。在農業時代，會幫助人耕種的就是牛、馬、駱駝、驢等動物，因此，一個有智慧的人，會知道怎樣好好保護這些幫助主人耕種的動物。

摩西法律就有提到，當牛在田裡耕犁時，不可以籠住牠的嘴（參考申命記25:4），而羊、家禽等動物，雖然不是在田裡耕種，卻也提供人生活的需要。因此，有智慧的人，就會知道怎樣善待這些與人生活息息相關的動物，**因為善待這些家禽、動物，等於善待自己。**

我們今天有一個新的名詞，就是「過勞死」，這意思是指人沒有休息，像二十四小時運轉不停的機器一樣，但機器是用鋼鐵製作的，可以撐很長的時間，人可不是。上帝創造人之後，就很清楚說需要有休息的時間，但現代社會很常聽到一句話，就是「做到死」，好像都不用休息，一直忙碌著做事，這種觀念是不對的，只有古代社會的奴隸才會如此。

　　十誡的第四誡很清楚提到有關安息日的規定，不只是人要休息，也要讓動物休息，不可帶去犁田耕種，或是運送貨物（參考申命記5:14；出埃及記20:10、23:11）。因為動物也要休息，所以土地也跟著休息。

　　這是一般人都沒有的觀念，就是土地也需要休息，因為土地也是有生命的。土地有休息，就不會變貧瘠。可惜台灣並沒有這種觀念，結果土地都因為過度使用，導致土地越來越貧瘠，就需要更多的肥料來幫助，但這對土地並不是健康的事。土地貧瘠，連帶的，人的身體也會失調。

　　所以，有另一句話說：「休息，是為了要走更長的路。」無論是人、耕種的動物、土地，都需要休息，這點是很重要的。

DAY
36 撒謊，傷害別人也傷害自己

〈箴言〉第 12 章 13 至 17 節

邪惡人掉在自己口舌的圈套裡；但正直人必安然脫離患難。人從自己的言行得到獎賞；他將獲取應得的酬報。愚蠢人自以為是；明達人聽從規勸。愚蠢人一惱怒，立刻顯露；精明人能容忍侮辱。說實話，顯示公正；作假證，傷害無辜。

　　自古以來，人類社會之間會有衝突，往往就是因為所講的話引起對方不愉快導致的結果。人與人之間如此，族群之間也是，更不用說國際社會的衝突更是難以避免。同樣，有人講的話充滿鼓舞和安慰，讓人聽了就會感動到流淚，甚至將自己受感動的話傳播開來，讓更多人分享出去。

　　〈箴言〉作者在這裡說了句很有意思的話：「邪惡人掉在自己口舌的圈套裡。」這意思很清楚，就是心思意念不好的人，或是只想要陷害別人的人，他所傳講出來的話，到後來會成為陷害自己的羅網。

　　有一則非常出名的聖經故事，就是波斯帝國時代有一位宰相名叫哈曼，他非常受到波斯皇帝的信任，皇帝還下令宮廷裡所有人只要看見哈曼都要行「最敬禮」──下跪。大家都這樣做了，只有國王的侍從官末底改（摩爾德開）沒有照做。末底改是猶太人，曾救了波斯皇帝的命而被皇帝重用，他因為信仰的理由拒絕向哈曼下跪，因此，哈曼心生殺機；他決定不僅要

殺害末底改，連所有在波斯帝國境內的猶太人都要殺害。

當哈曼心中有這樣的想法之後，他就向波斯皇帝進言，說：「有一個民族散居在王國的各省。他們有自己的風俗習慣，跟所有其他的民族不同；不但這樣，他們連國家的法律都不遵守。容忍這樣的人對陛下沒有好處。如果陛下認為妥當，請頒布命令滅絕他們。我保證可以替國庫增加三十四萬公斤銀子的收入，作為國家行政經費。」

從哈曼所說的話就可知道，他故意說出要陷害猶太人的話，把末底改不向他跪拜，說成全國境內所有猶太人都不遵守國家的法律；更加惡劣的，是他說滅絕這個民族可以增加國庫收入。結果我們知道，後來他不但沒有成功，反而掉落在自己所設計的陷阱裡，被掛在他原本準備用來處死末底改的絞刑架上，可說是自作自受。

聖經一再告訴我們，上帝深知人內心的意念，因此，不要有陷害人的念頭，更不可以有傷害別人的行為出現。因為這絕不是上帝所喜歡的事。〈箴言〉作者在這裡就強調說「講實話，顯示公正」，這種「說實話」的意思是，身邊若有發生糾紛，被法庭調去作證，這時候，說誠實的話是非常重要的。

無論對方怎樣有權勢、有影響力，我們只要按照誠實的心來說話，否則，若因為懼怕有權勢的人而亂說話，就會變成作假證陷害人，這種事不會被上帝所允許。要記得耶穌說過這樣的教導：「在審判的日子，每人所說的閒話句句都要交帳。因為，上帝要用你自己的話來宣告你有罪，他要用你自己的話來宣告你無罪。」（馬太福音 12:36-37）

自從「武漢肺炎」事件發生後，國家隨即組成「中央流行

疫情指揮中心」，邀請有經驗的學者專家協助。指揮官陳時中先生最令人感動的地方，就是他和所有團隊成員都很細心地傾聽每天記者會時，每個記者所提出的問題。有的問題他們會立即解答，有的問題他們會表示還要回去查詢、了解。他們誠實的回答，很清楚地告訴全國人民現在的狀況，因此全國人民也願意配合他們所訂定的防疫政策。

　　這就是說誠實話的結果，讓大家都受益。

DAY

37 真正有才學的人，不輕易發表評論

> 〈箴言〉第12章22至28節
>
> 撒謊的口，上主憎恨；信守諾言，他要嘉許。聰明人深藏才學；愚蠢人顯露無知。勤勞的手必然掌權；懶惰的人必服苦役。憂慮使人消沉；良言使人振奮。義人是鄰舍的良師益友；邪惡人往往深入迷途。

　　〈箴言〉作者在這裡強調說，一個真正有智慧的人，也是一個可信的人。而可信的人有個特質，就是無論你跟他說什麼，他都有能力判斷什麼話可對他人轉述出去，什麼話不可外傳。這也是〈箴言〉作者在這裡所說的，有智慧的人，他會堅持遵守諾言，對自己講過的話，絕對會遵守去做。就算沒有簽約，也會依照所說的約定去執行。

　　在婚姻的事上，更應該這樣做，因為基督宗教信仰把婚姻的事看成一種生命的約，而這種約有上帝參與其中。因此，除非發生重大的事，否則絕對不輕易毀約。同樣地，一個有真實信仰的人，也就是一個有智慧的人，他會知道**所講的每一句話都要向上帝負責**。因此，講了，就要遵守。我們都聽過一句俗語：「君子一言，駟馬難追。」「君子」就是指這樣的人，他講過的話，一就是一，絕不懊悔或改變，對自己講過的話負責。這樣就不會有亂講話的現象出現。

　　在台灣電視節目中，最熱門的就是「政論節目」，每台都

有。有好幾個「名嘴」，無論談什麼，上至天文，下至地理，都好像很懂的樣子。有時聽那些人講話，真的會感到悲傷，因為他們講的內容幾乎是連基本常識都沒有。此外，也不一定只有名嘴這樣，有些所謂的「名人」也是這樣，他們可能是害怕自己被人忘記，就在媒體上公開傳講一些擾亂社會安定的言論。

特別是在這次「武漢肺炎」的事，從去年（2020）到現在（2021）一年多來，經常有社會名流講了許多不是他該講的話，更有名嘴連考據資料都沒有，只是拿著報紙刊登的資料就開講。這種人就是〈箴言〉作者在這裡所說的「愚蠢人顯露無知」。

〈箴言〉作者在這裡特別強調說，一個真正有「才學」的人會知道「深藏」不露，這是一種謙虛的態度，不會炫耀自己的才學多高、知道多少。因為一個人有沒有底子，聽他講的內容很快就知道了。因此，**真正有才學的人不會輕易發表自己的看法**，特別當談論的不是自己專長方面的事，真正有才學的人，會知道不是自己專業領域，就不隨便發表評論。

〈箴言〉作者在這裡也提到，一個真正有智慧的人（也就是義人），他所講的話往往會讓人省思且懷念甚久，甚至會當作教材來教育下一代，是可以幫助人的「良言」；但壞人就不是這樣，邪惡人講話只想要挑撥是非，或是故意在雞蛋裡面挑骨頭，一開口，就帶來紛爭與混亂。。

像這樣的人，根本就是藐視上帝，也否定上帝的存在。這種人在我們的世界上，最明顯的就是獨裁者，或是擁有大財團的人。他們的身邊往往擁有許多跟隨者，這些跟隨者的目的就是跟著他們圖利，並不一定是真心追隨。我們給這些人一個專

有名詞，就是「共犯結構」。因此，〈箴言〉作者很清楚地說，這種人最後必然會走向「迷途」和「死亡之途」，因為他們與上帝拯救的盼望隔離了，也就是基督宗教信仰所說的，失去了上帝拯救的恩典。

DAY

38 獎賞或毀滅，全看說出口的話

〈箴言〉第13章2至6節

好人說話得嘗佳果；詭詐的人只圖強暴。口舌謹慎，保存生命；
信口開河，自招毀滅。懶惰的人難償所願；勤勞的人得慶有餘。
誠實人恨惡謊言；邪惡人可憎可恥。正義衛護無辜；邪惡使罪人
傾覆。

　　〈箴言〉這本經卷一再談到有關講話的問題。上帝賞賜給我
們一張嘴巴可以吃和喝，也是用同一張嘴巴來講話，好與人溝
通、傳遞訊息。現在，〈箴言〉作者特別提到「好人說話得嘗
佳果」，這句話可參考第12章14節所說的「人從自己的言行得
到獎賞」，表示有智慧的人說話，一定會幫助別人得到益處，
自己也會因而獲得讚美的回應。

　　然而，一個人說話要顯示出智慧（這裡說的是「好人」），
並不是一朝一夕可得，而是累積長年的涵養、學習才能得到。
這也是我們強調過很多次的，聰明的人會知道學習。因為從一
個人所講的話裡面，可看出這個人內心的涵養和學識的深淺、
多寡。耶穌就曾說過，從嘴裡講出來的話，就是出自內心的意
念（參考馬太福音15:18）。

　　這也是〈箴言〉作者會警告說「詭詐的人只圖強暴」的原
因，這種所謂「詭詐的人」，就是經常欺騙他人的人，他們心
中所想的就是怎樣欺詐、欺騙他人。但無論這種人用什麼方

式隱藏內心的詭詐、欺騙，總有一天會被揭露出來，這時候，他就會飽嘗痛苦，原因是沒有人會再想要聽這種人說的任何一句話，他會被孤立出來，甚至會被人瞧不起，這種痛苦只會增加，不會減少。

〈箴言〉這本經書有個特色，喜歡蒐集古老時代流傳下來的一些諺語，就像在這裡，作者就講到流行於當時西亞地帶的諺語：「口舌謹慎，保存生命；信口開河，自招毀滅。」口舌，意思就是講話。這諺語說一定要「謹慎」講話的事，這樣才能避免因講錯話而帶來禍患，這就是這裡所說的「自招毀滅」。而謹慎最好的方式，就是說誠實的話（參考箴言12:19）。就像我們常聽到的一句話，說一句撒謊的話，就需要用九十九句謊言來圓謊，這樣加起來，正好是百分之百的謊言。

而「信口開河」，意思很清楚，就是隨便講一些不負責任的話。就好像許多人在競選民意代表時，會信口開河說他若是當選，就要做什麼事。例如有人參加鄉鎮長選舉，政見內容卻說要推動制訂憲法；或是競選縣市長，說要挖石油等，類似這種政見，都是一種「信口開河」的話，結果只會換來更多的嘲笑，因為說這種政見的人，搞不清楚自己到底是什麼角色。

其實，會信口開河，也可說是「邪惡人」的特質，因為這種人不會去管別人的生死，只知道自己的利益是什麼，這是很不好的行為和意念。因此，這種人不會是上帝所喜歡的人，也是誠實的人最為痛恨的對象。因此，〈箴言〉作者在這裡說「誠實人恨惡謊言」，因為邪惡人所講的「言語可憎」。

為什麼這裡會說「誠實人恨惡謊言」呢？因為誠實人是和上帝關係和好的人，這種人認為**撒謊的人，等於是在羞辱上帝。**

再者，〈箴言〉最喜歡用「壞人」或是「邪惡人」來稱呼撒謊的人，他們的特性就是經常為了某種私利而在法庭上作假見證陷害別人，這是非常要不得的事。

所幸，我們的社會之所以能安定、不混亂，就是因為社會中有正義感的人比較多，因此，當有人在街上搶東西，或是欺騙別人、欺壓弱小時，往往會被有正義感的人阻擋下來。

「正義」這詞，也可以用來表示公正的司法，真正有正義感的司法官，會為無辜受害者伸冤。這也是聖經一再表示的上帝特性之一，就是公義，祂會為受到冤屈者伸冤（參考詩篇10:18、94:1、103:6；箴言20:22；以賽亞書50:8）。因此，當一個人心中有正義感時，即使他沒有去教會參加禮拜，他心中還是有上帝的信仰，生命中具有上帝創造他時的形像。

我們社會的司法若是能更發揮正義的要素，就更有意義了。這也是全國人民最大的心願和期待。過去司法界的正義指數不高，我們社會能夠穩定下來，是因為我們國民的素養高。若是司法的正義感指數增加，我們社會的喜樂、安穩度就會更高，會成為人人喜歡來度假、旅遊、居住的地方。

DAY
39 裝窮或裝有錢，都是一種欺騙

〈箴言〉第13章7至12節

有人假裝富有，其實一貧如洗；有人裝作貧窮，卻是腰纏萬貫。有錢人花錢贖命；窮苦人不受恐嚇⋯⋯不勞而獲的財物瞬息耗盡；勤勞累積的財富日日增加。希望幻滅，心靈隨之破碎；願望實現，心裡充滿生機。

　　我們常聽到一句俗語「打腫臉充胖子」，這就是虛假、虛偽的表現。我們社會裡這種人經常出現。其實，會有這種行為舉止的人，也是心思意念不正確的人。說穿了，這樣的人不是誠實的人，而是心中有某種企圖。

　　〈箴言〉作者說「有人假裝富有，其實一貧如洗」，這就是俗語說的「打腫臉充胖子」，就像〈箴言〉作者在第12章9節所提到「平凡的人靠工作生活，勝過自高自大的人挨餓」的情形是一樣的。因為自高自大的人，就是驕傲的人，這種人最愛面子，處處都要讓人看見他光彩的一面，即使已經很潦倒了，還是裝闊。跟這樣的人在一起生活是很痛苦的，因為這是不實在而虛假的行為。

　　另外有一種人剛好呈現相反的生活態度，就是表面上看起來很貧窮，卻是腰纏萬貫，這種人雖說是「錢不露白」，好像謙卑的樣子，其實不然，而是一種**吝嗇到極點**的表現，基本上，這種人對貧困者的需要會視若無睹。說穿了，這種人的內

心是存著貪念，想要索取更多。就像〈箴言〉在第11章24節b句所說的，這種「一毛不拔」的人，只會「窮困」，不會因為表面上裝窮而有幫助。因為這種假裝的態度，對人並沒有益處。

　　無論是「假裝富有」、「裝作貧窮」，這裡所用的「假裝」、「裝作」等詞，都表示帶有欺騙之意。因為〈箴言〉作者要強調的，就是「誠實」。就像耶穌在談及生活的態度時，最重要的就是「是就說是」、「不是就說不是」（參考馬太福音5:37），把句子轉換一下，就是「有就說有」、「沒有就說沒有」，意思是相同的。如果沒有錢，卻裝作有錢；或是有錢，卻裝作貧窮，這都一樣不是誠實的態度，也不是應該有的生活方式。

　　除了裝作貧窮、裝作有錢，還有另一種和錢財有關的態度。這裡作者說：「不勞而獲的財物瞬息耗盡。」所謂「不勞而獲」，跟「不義之財」是相同的意思，表示得來的，和這個人付出的勞力、智力相差很多。因此，得到這樣的財物，很快就會消耗殆盡，對人並沒有益處。因為財物來得快，人就不會覺得需要珍惜，甚至害怕被發現而惹禍，也容易帶來死亡的災害。這也是〈箴言〉作者在第21章6節所說的，不義之財，會使人陷入死亡。

　　再者，這裡的「不勞」一詞，原文是指「空虛」，表示不實在，就是一種虛幻的存在，因此，詩人說千萬不要倚靠這種不實在、虛幻的財富，就算增加了，也不要倚靠它（參考詩篇62:10）。要注意的是，當一個人懷有「不勞而獲」之念，等於是存著貪婪的心，這種人往往想要急於發財，結果不但沒有得到發財之利，反而帶來貧窮的災禍（參考28:22）。

　　現在，有越來越多年輕人，不想要殷勤做工，甚至是對勞

力的事總是採取鄙視的態度，這跟他心中所期盼的「不勞而獲」心態有關。〈箴言〉作者說當人存在這種希望時，很快就會「希望幻滅」，這時候，人的「心靈」也會為之「破碎」，漸漸喪失了生之勇氣。這就是使徒保羅所說的，當人心中「貪慕錢財」，就會為自己的生命帶來希望幻滅的結果，最後只會帶來滅亡。

相對地，當一個人勤勞工作，在工作中很自然地就會產生「願望」，這會帶給人閃耀的亮光，給生命帶來巨大的動力，這時就會像詩人所說，有如栽種在溪水邊的果樹一樣，隨時都會看到果樹結出果實，會看到樹葉青翠，「充滿生機」，有生命的活力（參考詩篇1:3）。

〈箴言〉作者這樣說，主要是在告訴我們，要在工作和生活中採取務實的態度，不要愛面子，也不要幻想那種得來容易的意外之財，那對人的生命不會有利益。勤勞工作，即使所得不多，卻會有錢財買不到的喜樂存在人的心中，這才是生命存活之道。

DAY 40　與愚昧之人同行，必受連累

〈箴言〉第13章20至23節
—

跟明智人同行，就有智慧；跟愚昧人作伴，必受連累。禍患追
蹤罪人；義人卻得善報。好人為子孫留下產業；罪人積藏的財
物卻歸義人。未開墾的土地可為窮人產糧食；不義的人卻不願
耕耘土地。

　　〈箴言〉作者在這裡說：「跟明智人同行，就有智慧；跟愚
昧人作伴，必受連累。」這是一句流行於西亞地帶的諺語，主
要是在告訴人們不要與愚蠢的人靠在一起。〈箴言〉作者喜歡
用「愚蠢」這詞來形容作惡的人，或是心思意念不好，想要做
壞事陷害別人的人。跟這種人在一起，即使自己沒有出手做壞
事，也會因為愚蠢人的惡作劇或所做的壞事而受到牽連。

　　這使我想起1973年，我在當時的「高雄少年感化院」服
務，發現有一位來自彰化的青年，他是彰化高中高三學生，父
親是一所鄉下小學的校長。這位青年在學校成績很好，也準備
考大學。他跟幾位同學在學校附近租屋，有個晚上和同學一起
出去吃宵夜，與一群他校的學生相遇，也不知道什麼原因，雙
方起了衝突。

　　他害怕地躲在旁邊，卻沒有想到兩邊學生開打，其中有一
位學生被打死了。他們一群人都被警察抓去，他因為年紀最
輕，未滿十八歲，被送去高雄感化院，進行感化教育一期三年。

感化院確實是個龍蛇雜處的地方，但輔導員知道他的遭遇，都覺得實在很冤枉，也有幾位「資深同學」知道他很有潛力，大家都鼓舞他。果然，他參加感化院的升學班，經過兩年努力，考上了很好的大學。感化院的師生也與有榮焉。他告訴我說：「感化院同學比外面的同學更聰明。」他說的「聰明」，意思是他們教了他許多「生存」之道，特別是讓他知道在危急的情況下，要懂得如何保護自己，而這些都不是外面學校能學到的功課。

台語有一句很流行的話，是「請鬼拿藥單」，意思很清楚，所託對象錯誤，等於害了自己，和〈箴言〉作者在這裡所說的「跟愚昧人作伴，必受連累」意思是一樣的。

〈箴言〉作者給我們一個很重要的認識，就是「禍患」和「罪人」有如連體嬰，不會分開。就像這裡所說的「禍患追蹤罪人」。基督宗教信仰認為，這種禍患不會只停止在罪人身上而已，而是會連累到與罪人相關連的人身上。比如說：罪人的家人，罪人掠奪別人的財產而富有了自己的家庭，家裡的人都因為罪人從別人身上奪來的財產而過著富裕、享受的豐富物質生活，所以家人也會受到連累。

罪人的家人不能說自己又沒有做什麼壞事，這是錯誤的說法。因為他沒有阻止自己的家人做這種惡劣的掠奪行徑，卻享受了家人不當行為而得到的，就是要受到連累的懲罰。第二次世界大戰後的德國人，這種感受特別深刻，也因此他們制訂了一條法律，誰否認納粹所犯的錯誤，或是否認有這種行為，就是違背法律。為的是要提醒德國人知道，納粹時代所犯的惡行，他們這一代也要痛苦地承受。

　　與德國人要承受納粹遺留下來的惡果相反，〈箴言〉作者在這裡說「好人為子孫留下產業」，這裡所謂的「好人」，和〈箴言〉作者一再使用的「義人」是相同的意思，都是指遵行上帝旨意、聽從上帝話語的人，這種人必定會得到上帝的賜福而「享長壽」在其所居住的土地上（參考9:11、10:27、19:16、21:21），意即可以使子孫後代都安穩居住下來。

　　所以這裡所說的「產業」，並不是指物質生活上的富裕，而是指心靈的平安。這種「平安」原本是上帝創造人時，就已經賞賜給人的「形像」，但罪人因為所犯的惡劣行為，使他原本具有的上帝形像的光彩逐漸消失。相對地，這樣的光彩卻在義人身上逐漸發亮起來。所以說，罪人只會留下惡果給後代承受，義人卻能為後代留下美好的靈性財富。

DAY

41　建立美好家庭的智慧

〈箴言〉第14章1至8節

賢慧的女子建立家室；愚蠢的女人親手拆毀……狂妄之徒得不到智慧；明達的人求知容易。要躲開愚昧人，因他們沒有可傳授的知識。聰明人的智慧使他找到當走的路；愚蠢人的笨拙欺騙了自己。

　　聖經時代，婦女的地位是很低的，在以色列的社會中，婦女和小孩都不列入計算人口的對象。但在〈箴言〉這本經書裡，卻一再提醒有才華、賢慧的女子在家庭中扮演非常重要的角色。

　　其實，以色列的文化有一個特色，認為家庭教育中，是由母親擔任最重要的角色。會有這樣的看法，是因為他們發現母親和孩子相聚的時間最多，孩子是從母親身上開始學習認識自己，也認識別人。摩西的母親就是個很好的例子；她在那樣惡劣的環境下，卻很清楚要教導她的孩子摩西，如何在埃及當奴隸的困境中，認同自己就是希伯來人。

　　單從一件事就可看出家庭教育對以色列人的重要性，就是今天的以色列小孩，六歲要進入小學讀書時，必須先會背誦「十誡」，由此就可看出，他們的父母最先教導孩子認識的，不是一般科技知識，而是信仰根基「十誡」。這就是家庭教育的開始。

　　〈箴言〉作者在這裡說「賢慧的女子建立家室」，另外在〈箴

言〉第31章10至31節也記載關於賢慧女子的特質，描述得更清楚。這裡所說的「家室」一詞，是「家庭」之意。這裡說「賢慧的女子建立家室」，第12章4節說「賢慧的妻子是丈夫的華冠」，而第18章22節說「娶得賢妻幸福無窮」，在第19章14節則說「賢慧的妻子是上主所賜」。這些句子都在說明賢慧的妻子比任何珍珠寶貝更貴重，可說是沒有任何有價值之物可以相比。

　　而相對於「賢慧的女子建立家室」，就是「愚蠢的女人親手拆毀」，這裡說的「拆毀」一詞，也表示瓦解、分離之意。但要注意的是，這裡雖用「女子」、「婦女」來說明，但換成「丈夫」、「男人」意思也是相通的。原因是建立一個美好的家庭，不會只是女子、婦女的責任，也是男人、丈夫的職責所在。因此，這句話也可以直接說「智慧建立家室」，對照句則是「愚蠢拆毀家庭」。

　　在這段經文中，〈箴言〉作者還談到有一種人不值得我們花時間跟他在一起，就是「狂妄的人」。這種人也就是我們一般所說的「驕傲的人」，這種人自私、自以為是，在他們身上學不到真正有智慧的內容。因此，〈箴言〉作者說「要躲開愚昧人，因他們沒有可傳授的知識」，這種人即使做錯了事，也不會承認。即使你依照證據跟他說哪些地方有問題，他還是會找出更多的理由來辯論。跟這種人在一起，只是浪費自己的生命而已，一點幫助也沒有。

　　相對於這種人，就是有智慧的人，這種人是真實謙卑的人，所以會知道「當走的路」。這裡的「路」也可以稱為「道」。在聖經裡，「道」表示上帝的話，而上帝的話就是「智慧」之

意。因此，這種「路」（或是「道」）已經不是「事業」，而是一種生命態度。因此，這裡說「聰明人的智慧使他找到當走的路」，意思很清楚在表示：聰明人會知道依照上帝所指示的教導去選擇。就像詩人所說的，上帝「使我心靈復甦，他照著應許導我走正路」（參考詩篇23:3）。

這條「正路」，就是沒有偏離方向，不至於邁向死亡的道路。這就像牧者帶領著羊群，一定會走正確、安全的路到青草地、溪水邊去。耶穌說，好的牧羊人，在帶領羊群出來之後，一定會走在羊群的前面，讓屬於他的羊跟隨著他的腳步，不至於偏離、脫隊而帶來死亡。

我們的生命時間是有限的，不要浪費時間跟那些愚蠢人、狂妄者混在一起。因為那很容易讓我們迷失了生命的方向，甚至進入歧途。

DAY

42　心裡的苦悶，
只有上帝能真正分擔

〈箴言〉第14章10至19節

心裡的苦悶，別人不能分擔；心裡的喜樂，別人無法分享……壞人自食惡果；正直人的善行必得善報。無知的人事事都信；聰明人步步小心。聰明人躲避禍患；愚蠢人任性自負。脾氣急躁的人做事愚妄；通情達理的人鎮定自在。

　　有人把排名、獎賞當作一種極高的榮耀。各行各業都是，學校、體育界更是如此，因為那是一種比賽。台灣的政治界也不例外，經常有各式各樣的民調在為政府官員和民意代表排名，因為這樣，大家都很害怕會被排到最後，特別是民意代表更是擔心，因為民意代表若是排名墊底，下次選舉就更困難。而政府官員若排名吊車尾，恐怕連考績都會下降。

　　其實，無論在這世界上排名第幾，這些很快就會過去，那種來自群眾歌頌的掌聲都很快就會消失，有時這些歌頌讚美的聲音裡面還隱藏著反對的聲音，等讚美聲退去之後，就只剩下批評的聲浪了。這也是為什麼有人在名列前矛之後，內心開始有了極大的壓力，卻無法跟外人說出，就像〈箴言〉作者在這裡所說的「心裡的苦悶，別人不能分擔」。真的是這樣，因為他必須將這些心中的苦悶，隱藏在表面的掌聲、歌頌聲中，尤其是政治人物更是如此。

　　但基督宗教信仰有不同的看法；耶穌的門徒被派遣出去傳

福音回來向他報告時說：「主啊，我們奉你的名發命令，連鬼也服從了我們！」這原本是一件很高興的事，耶穌卻告訴他的門徒說：「不要因邪靈向你們降服而高興，卻要因你們的名字記錄在天上而歡樂。」（路加福音10:17、20）使徒保羅也說，信耶穌的人，是屬於「天上的公民」，因此要追求的，是屬於「天上的獎賞」，這種獎賞才是生命的目標（參考腓立比／斐理伯書3:20）。這樣的生命觀念，和我們世界的價值觀相差很多。

我們心中的苦悶，沒有人能夠分擔，只有上帝可以。而我們應該追求的排名和獎賞，也不是世俗的認定，而是「天上的獎賞」和上帝的認定。擁有這種觀念，我們的人生就可以少掉很多煩憂和苦悶了。

此外，〈箴言〉作者在這段經文中，用好幾種方式來表達作惡的人會帶來的生命結果，包括有：「自食惡果」、「事事都信」、「任性自負」、「做事愚妄」等。這裡所說的「事事都信」，就是當有人提出勸阻，說不要這麼快就接受，但他還是不聽，這也是「任性自負」，表示他已經失去了判斷力。就像〈箴言〉第12章1節所說的「喜愛知識的人樂於受教；唯有愚蠢人憎恨規勸」，真正有智慧的人，會知道人的有限和缺陷，因此，會確實地接納別人提供的建議、糾正。

相反的，「愚蠢人」即使他做錯事，你跟他勸誡，他也會生氣。從這次「武漢肺炎」防治事件即可看出，有些人公開地在媒體上表達意見，結果講錯了，當別人指出他亂講話時，他卻還堅持自己沒錯，是他所說的話被曲解了。

這種人最大的特質，就是自以為是，不會聽別人善意、真誠的規勸。這跟有智慧的人的態度不一樣；因為智慧的特質，

是會先查證，之後會分析，然後判斷是否正確。只有愚蠢人是聽到人家說什麼，就相信，很容易被邪惡的人誤導而跟著走，結果自己也變成了邪惡者。

　　相對地，正直人就不是這樣；〈箴言〉作者說正直人所做的善事，一定會「得善報」，不但這樣，他們做起事來都會很「小心」，因此能避開許多可能會有的意外「禍患」，無論社會發生什麼事件，他們也不會驚嚇、隨之起舞，而是會確實了解狀況之後才採取行動，也因為有這樣的知識，所以經常成為左鄰右舍、親朋好友稱讚和諮詢的對象。這樣的人，才是我們要學習的對象。

DAY

43 得到上帝特別賜福的最佳方式

〈箴言〉第14章20至22節

貧窮人大家厭惡；有錢人高朋滿座。憐恤貧窮的有福；輕視鄰舍的有罪。行善的，受尊崇敬重；作惡的，陷入於迷途。

　　無論在哪個地方，人類社會的一個共同現象，就是很現實。而在〈箴言〉這本經書中，作者一再用「貧窮人」和「有錢人」作對比，來描寫社會的真實現象（參考10:15、13:8、18:11、18:23、19:4、19:7）。〈箴言〉作者對這些人性面的寫實描繪，也說出了人類社會的問題所在，就是有錢人因為擁有權勢，很容易壓榨貧窮、弱勢的人，而這種行為是聖經教導中一再禁止的。

　　基督宗教信仰很重要的一點，就是有權勢的人，就必須照顧弱勢的人；有錢人要知道幫助貧窮人。這也是摩西法律中一再強調要照顧「外出者、寡婦、孤兒」之因──他們都是聖經時代最為弱勢的族群。

　　因此，〈箴言〉作者在這裡說「憐恤貧窮的有福」了，因為憐恤貧窮人，就是一種善事，不但會受到別人尊敬，更會帶來福氣，會被上帝看作自己的子民一樣給予照顧。耶穌也這樣教導說：「以仁慈待人的人多麼有福啊；上帝也要以仁慈待他們。」（馬太福音5:7）這裡的仁慈和憐恤之意相同。

　　相對地，若是一個人很富有，卻欠缺憐憫慈悲的心，這種

人的富有，只會為自己帶來更多的災難。〈箴言〉作者甚至特別強調說，若是富有而欺壓窮人，佔他們的便宜，會惹來上帝的憤怒而嚴厲懲罰（參考箴言22:22-23）。新約〈雅各書〉（雅各伯書）作者在第2章2至4節提醒我們特別注意，不可以對貧窮人有瞧不起的態度，此外也強調說：「在父上帝眼中，那純潔沒有缺點的虔誠便是：照顧苦難中的孤兒寡婦和保守自己不受世界的腐化。」（1:27）

　　我很喜歡〈箴言〉作者說「行善的，受尊崇敬重」這句話，因為行善的人會得到忠實的朋友。更重要的是，行善也是在見證上帝的愛，會得到上帝特別的賜福。也因此，他獲得的忠實朋友也會越多，這是上帝賜福的另一種方式。

　　德國有位知名的神學家潘賀華（Dietrich Bonhoeffer, 1906-1945），他就這樣說過：要對那些還沒有信耶穌、卻很會行善的人說，他們所做的善事，正是耶穌教導基督徒該做的事，特別是那些行善不欲人知的美好善事者，更是如此。行善也可以說是所有好的宗教信仰的動力。

　　聖經就有教導，說以色列人每年要捐出「十分之一」的收入，這十分之一除了交給利未人（祭司）外，也要用來幫助「外僑」（意思是指沒有固定居所的對象）、孤兒和寡婦，這些都是聖經時代的弱勢貧困者。

　　這也是我在教會牧會的經驗，因為我牧養的教會，大家都會注意哪些教會比較需要幫助，或是哪些機構需要關心，大家都會出力捐助。暑假時也會派出一群青年去幫助偏遠地區的弱小教會，或是邀請弱小教會的小孩一起來參加暑假兒童少年營的活動。結果，我牧養的教會的情況是，越幫助別人，信徒就

越多，奉獻也越來越增加，每年剩下的經費，也都盡量用來幫助需要的對象。

相對於喜愛幫助別人的人，還有另一種人，就是輕視鄰舍、很自私的人，只想到自己要擁有更多，於是就會想到「囤積居奇」，也就是現在我們所謂的「瘋搶、囤貨」。這種事經常發生在有危機出現的時期，民生物資更顯得珍貴，往往會變成奇貨可居。在危機期間，是最需要大家分享的時候，這種人卻搶購囤貨，甚至想大賺一筆災難財，這種自私的人會受到民眾的厭惡和咒罵。

有人囤積，就會有人挨餓。因此，我們應該樂於將家裡的存糧或物資拿出來，分享或平價出售給需要的人，這等於是在大家有困難時，用「樂意」的心與別人分享。這樣的人，才會被人感念。我們活在世上，是要被人感念，而不是要被人咒罵。

DAY

44 領導者最需要的事物

〈箴言〉第 14 章 28 至 35 節

君王的光榮在於人民眾多；沒有人民，他就一無所有……邪惡人的暴行使他敗亡；正直人因誠實而蒙保守。明達人的意念都有智慧；愚蠢人卻一無所知。正義使國家強盛；罪惡是民族之恥。明智的臣僕蒙君王嘉許；失職的官員卻遭受懲罰。

　　民主國家的領導者，是由人民推選出來的，而這種推選跟選票的多寡有密切關係。在現今的世界，仍然有不少國家的領導者是用武力維護政權，但奇怪的是，獨裁者都不相信他們會有倒台的一天，有些甚至還誤以為自己不會死。其實大家都知道，我們每個人都會死，只是上帝還沒有出手收回而已。

　　就像在民主政治中，領導者是透過民意的高低來決定一樣，〈箴言〉作者在這裡說，一個君王（總統、領導者）最大的光榮，就是獲得眾多人民的喜歡和支持。而相對地，獨裁統治者的手上雖然擁有武力，可威嚇反抗他的人民，但有一天，當人民不再懼怕而出來反抗他時，他必定會失去一切，甚至因此喪失生命。

　　一個國家的領導者，除了自身的才能外，更重要的就是他身邊的幕僚。他需要一群「明智的臣僕」，所謂「明智」，指的就是〈箴言〉作者最常說的「智慧」，也就是有信仰良知的人。用這樣的幕僚，辦起事來很有效率，不會拖拖拉拉、故意延宕

時程，且會依照良知去做事。他們說的一定是誠實的話、確實的建議，而不是只講諂媚、虛偽的話，只為了取悅君王。

舉例來說，聖經作者在介紹大衛王的時候，特別提到大衛王身邊有一群很高明的謀士，有獻策的，有很會外交的，也有很會帶兵作戰的勇士，也因為這樣，大衛王開創了通稱的「以色列帝國」。有個故事說明了「明智的臣僕」的重要：

以前的耶路撒冷（聖經時代的迦南地）是由很會打仗的耶布斯人建造起來的，以色列人在約書亞（若蘇厄）帶領下進入巴勒斯坦之後，所有城鎮都攻打下來，只有耶路撒冷城還是攻不下來。在大衛執政時代，原本首都是在希伯崙（赫貝龍），但他覺得耶路撒冷就在巴勒斯坦中央地區，應該要打下來。該城的人聽到大衛的話，都嘲笑說他們只要派瞎子和瘸腿來守城就夠了。這意思很清楚，就是根本瞧不起以色列人，認為他們沒有能力打下該城。

大衛聽到，就下一個命令，只要有誰能帶兵攻下該城，就讓那人當國防部長。結果大衛身邊有一位勇士，也是軍事謀士，名叫約押（約阿布），率領一支突擊隊從錫安的溝渠隧道進入，打開城門，以色列軍隊才能進去佔領了該城。大衛就這樣把首都遷移至耶路撒冷。也因為這一仗打贏了，整個巴勒斯坦都在大衛統治之下，左右鄰國紛紛來進貢。

有好的幕僚固然重要，但不要忘記，明智的臣僕也需要有明智的君王。領導者必須是個知道謙卑的人，而謙卑之人的基本特質，就是有虔誠的宗教信仰，大衛就被認為是以色列民族歷史中，信仰最敬虔的君王。他每次出兵前，一定要聽上帝的意見，也是在他的時代，將上帝的約櫃帶入耶路撒冷，建立了

以色列敬拜上帝的禮儀和規矩。

　　領導者又要怎樣尋找有真實智慧的臣僕呢？就像〈箴言〉第16章13節所說的：「君王要聽正直的話；他喜愛說誠實話的人。」一個有智慧的君王、領袖，就會知道怎樣鼓勵誠實的幕僚，並且嚴懲「失職的官員」，也就是既無能又腐敗，只會玩弄權謀的官員。但相對地，若是遇到昏庸的領導者，情況就完全不一樣了；這樣的君王會喜愛聽從這種官員說諂媚的話語，結果是導致國家滅亡。

　　我們可以這樣了解：為什麼極權國家的統治者需要倚靠武力來控制自己的人民？就是因為「沒有公義」。這些領導者想到的都是自己的利益、權勢，因此，屠殺、殘害人民生命的事件一再出現。但不要忘記，無論這些君王、統治者多強，這個政權多麼有力量，總有一天會衰弱下來，這時候他們就會看見，他們暗中所做的羞恥之事一件件被顯露出來，成為眾人羞辱的對象。

45 調解紛爭、
平息怒氣的智慧

〈箴言〉第15章1至4節

溫和的回答平息怒氣；粗暴的言語激起忿怒。明智人開口引發智慧；愚昧人發言都是廢話。上主的眼睛明察秋毫；行為好壞，他都鑒察。溫和的言語充滿生機；歪曲的口舌使人喪志。

　　〈箴言〉這本經書非常重視說話的事，作者蒐集了不少關於有智慧的人講話帶來的美好果實；相對地，也有很多愚蠢的人講話不得體而帶來惡果。

　　確實，一個人口中所說的話語，不但會顯示出他的智慧，也表達了他心中的意念。這也就是耶穌所說的，人的「心裡所充滿的，口就說了出來」，因此，上帝會用人「自己的話來宣告」是否有罪（參考馬太福音12:34、37）。

　　這段〈箴言〉中，一開始就說「溫和的回答會平息怒氣」，這裡的「溫和」一詞，是指一種有深度的「忍耐」的毅力，就是「自制力」很強的意思（參考16:32）。這種人也是〈箴言〉作者所說的「聰明」人（參考14:29），這種人會讓紛爭「平息」下來，因為他知道怎樣用適當的話語，讓原本的問題或造成的過錯，得到對方的寬恕（參考傳道書10:4）。

　　舊約聖經〈士師記〉（民長紀）第8章1至3節記載一則故事，說基甸（基德紅）率領族人跟米甸人（米德揚人）打仗，打贏了，但是以法蓮人（厄弗辣因人）因為基甸沒有邀請他們

一起去打仗，讓他們相當生氣，認為基甸看不起他們。這時，面對怒氣沖沖前來質問的以法蓮人，基甸沒有生氣，因為他很清楚，以法蓮人來興師問罪，其實是想從戰利品中分一杯羹。

於是，基甸把米甸兩個領袖的頭顱交給以法蓮人，讓以法蓮人可以拿去在以色列人的族群中炫耀，說他們也參與了作戰，並且取下了米甸人領袖的頭顱。基甸接著說，他帶領族人去打仗而得到最好的葡萄，也比不上以法蓮人從地上撿到的葡萄。以法蓮人的代表聽了基甸這樣恭維的話後，就開心地接受，不再生氣了。

這就是基甸聰明的地方，因為大家都知道是他帶兵去回擊米甸人的，他卻做足了面子給以法蓮人的領袖。這就是〈箴言〉作者在這裡所說的，一個有智慧的人，他知道什麼是最重要的事，也知道話該怎樣講，才能表達最精準的意義。因此，〈箴言〉作者在這裡又說「溫和的言語充滿生機」。

相對於有智慧的人，就是愚昧人。〈箴言〉作者在這裡說，愚昧人說出來的話，往往是「粗暴的言語」，對發生的紛爭不但沒有調解的作用，反而會更加「激起忿怒」。然後又說「愚昧人發言都是廢話」，將這兩句話合併來看，就會發現現今有不少政客就是很典型的這種言論。還有更惡劣的政客，是故意用「歪曲的口舌」，盡是說些不誠實的話，這種心態就和作假見證一樣邪惡，因為他們所講的話會「使人喪志」，失去生存的意志，也等於是害人生命一樣嚴重，這是上帝所厭惡的行為。

DAY

46 生活越簡樸，心靈就越豐富

〈箴言〉第15章17至21節

素菜淡飯而彼此相愛，勝過酒肉滿桌而彼此相恨。脾氣急躁，招惹紛爭；性情容忍，培植和平。懶惰人遍地荊棘；正直人路途平坦。明智的兒子使父親欣慰；愚昧的兒子藐視母親。無知的人以愚拙為樂；明智的人依正直行事。

　　在我們的世界上，喜歡過著奢華生活的人總是有，特別是那些家財萬貫的富有人家，經常表現出來的就是這樣子，似乎越是有錢又有勢力的人家，就越是過著奢華的生活。

　　〈箴言〉作者引用了當時流行於西亞地帶的諺語：「素菜淡飯而彼此相愛，勝過酒肉滿桌而彼此相恨。」所謂「素菜淡飯」，表示簡樸的生活樣式，也可以說是清貧，或是一般普通家庭，雖然不富有，卻會「彼此相愛」，這種兄弟姊妹之情可說相當珍貴，就像〈箴言〉作者在這裡所說的，比「酒肉滿桌」、家人之間卻「彼此相恨」要來得珍貴多了。

　　這裡的「酒肉滿桌」，指的是奢華宴樂的生活型態（參考路加福音16:19）。雖然這也可以指喜宴中的美好佳餚、宰殺牛羊宴客的方式（參考馬太福音22:4；路加福音15:23），但這裡所說的「粗茶淡飯」、「酒肉滿桌」都是指家庭生活的經驗，而不是節期歡慶的特別日子。

　　若是讓我們來選，兄弟姊妹間是要「粗茶淡飯而彼此相

愛」，或是要「酒肉滿桌而彼此相恨」，我深信大家都會選擇「粗茶淡飯而彼此相愛」。因為我們一再看見許多大財團的後裔，因為分財產而彼此起訴、告官的事件，甚至兄弟姊妹間因為分財產而鬧翻，結果成為仇敵，這確實是一件很悲傷的事。

〈箴言〉作者很努力要告訴大家「正向」的生命觀。作者一直強調智慧的重要性，因為有智慧的人知道上帝才是生命的主宰，因此，學習認識上帝，就是帶給生命喜樂的要素，因為上帝就是一切力量的來源。當人的生命獲得力量，這時候，**生命就會生出喜樂**，自然而然地，臉上就會有笑容。

這種人也會有寬闊的胸襟，知道這個世界都在上帝的管理之下，也知道無論遇到什麼事，都有上帝可以倚靠，於是他的生命就會喜樂起來，對待世上的事物，都能用寬闊、寬容的心態去看待，不會去爭論那些對生命毫無作用的事物。因此，〈箴言〉作者稱呼這種人是明智、聰明的人，不會把物質生活是否富裕看作重要，也不會嚮往過富裕的物質生活。因為他知道這些並不會使人的生命快樂，甚至可能因為擁有超過自己能力所能領受的財富，而增添許多煩惱，生活反而不平靜。

然而，愚蠢的人，總是懷著悲觀的生命觀來看待世上的事物，總以為別人待他不公平，甚至認為上帝並沒有公平對待他，會說上帝給他的苦難比別人多，賞賜給他的財物卻比別人少。這種人有一種特性，就是「諸多煩惱」纏身，即使他已經很「富有」了，也是一樣煩惱為什麼得到的還不夠。也因為這種煩惱一直存在心中，就容易有急躁的脾氣，因此，跟這種人在一起，總是會聽他抱怨連連。他看別人得到的，就生出嫉妒之心，其實，他所擁有的一點也不比別人少，但是永遠不快樂。

　　如果有讀過並且了解聖經，就會發現，聖經對人的生命有一個清楚法則，就是〈約伯記〉作者所說的：「我空手出生，也要空手回去。」（約伯記 1:21）這跟台灣俗語所說的「死人身上的衣服沒有口袋」是一樣的意思。世上的東西，都會在人的生命結束時留下來，由別人得去，即使是擁有一切的人，也是一樣。這也是使徒保羅所說的：「一個人若知足，宗教的確可以使他富有。我們到這世界，沒有帶來什麼；我們又能從這世界帶走什麼呢？如果我們有得吃，有得穿，就該知足。」（提摩太／弟茂德前書 6:6-8）

　　要培養這種生命觀，就需要從培養虔誠的宗教信仰著手，有好的信仰底子，這種快樂、知足的心靈就會建構起來。

DAY
47 想要好人緣，
從說話合宜開始

〈箴言〉第15章22至26節

集思廣益，事必有成；不加籌畫，事必失敗。發言中肯何等喜
樂；說話合宜多麼佳美。明智人走上生命道路，遠離墜入陰間的
途徑。上主要拆毀狂傲人的房屋；他要保護寡婦的家業。上主憎
恨邪惡的思想；他卻悅納純潔的言語。

　　〈箴言〉作者提出，有智慧的人，做事之前會「集思廣
益」，不會衝動到自己想做什麼，就做什麼。一個有智慧的
人，他會先做很多評估，尋求他人的意見，連要講什麼話，都
會先經過「三思」之後才開口。

　　這就是〈箴言〉作者在這裡說的：「發言中肯何等喜樂；
說話合宜多麼佳美。」這兩句經文中所謂的「中肯」、「合宜」，
都在表示有上帝賞賜的智慧，說該說的話（參考以賽亞書／依
撒意亞50:4），這很清楚在表示一個有智慧的人，絕對不會說
謊話，而是只說誠實的話，這樣的智慧者，一定會得到許多朋
友（參考箴言24:26）。

　　這也是箴言作者在這裡所說的，上帝會「悅納純潔的言語」
之因。因為「純潔」就是沒有邪惡的念頭，也不會把應該說
出口的責備、建議隱藏起來。再者，這裡的「合宜」也包含了
身分、時間等背景因素，這些都會影響到一個人所說的話是否
「合宜」，這也表示一個有智慧的人，不會隨便開口亂說，而是

會經過三思之後才發言。

　　除了「純潔」的言語之外，〈箴言〉作者也說過，智慧的人說話「純正」和「真實無偽」，不會說「虛謊」、「歪曲」、「乖謬」的話（參考箴言8:6-8）。我一再提起，真正有智慧的人，絕對不會講虛假、欺騙的話語。因為智慧本身就是告訴我們，**上帝看我們的內心，知道我們的意念**。我們可以用盡手段欺騙人，但這些欺騙很快就會露餡，用今天的語言來形容，就是被「起底」，所以說謊的人最後一定會遭到羞辱。

　　另一方面，一個有智慧的人，聽到有人提出建議時，即使對方的建議並不是自己所喜歡的，或是與自己所想像的差距甚大，或是對方說話中有語帶責備的意思等，也不會因此就掩住耳朵不聽，反而是會「留心」傾聽，讓對方知道你重視他的意見。

　　這使我想起1978年4月，長老教會召開第25屆年會時，當時因為國民黨政府在打壓長老教會，就有好幾位長老教會的代表在年會中發言，嚴厲地譴責當時的總幹事高俊明牧師，指責他怎可將長老教會帶到這樣的困境，與執政的政府關係這樣緊張。

　　這些出來譴責高俊明牧師的人，是接連起來發言，越講語氣就越生氣、越嚴厲。但是，高俊明牧師並沒有因此動怒，或是露出不滿、不高興的樣子，我聽到高俊明牧師輕聲、和緩地回答說：「請議員慢慢講，不用那樣大聲，我都有聽到。」他一講完，全場的議員都笑了起來。那些原本想要繼續站起來講話的議員都坐了下來，應該是感到羞愧，不知道該如何講下去了吧！因為一個傳道者若是在教會裡被信徒這樣講，一定會感

到羞愧萬分。

　　我當時就這樣想：若是高俊明牧師也起來大聲回應，雙方一定會針鋒相對，甚至很可能吵罵到整個議場無法繼續開會下去。這就是一個運用智慧、三思之後才說話的例子。

DAY
48 正直人的禱告，上帝才會垂聽

〈箴言〉第15章29至33節
———

上主垂聽正直人的禱告；他不理會邪惡人。笑逐顏開使人喜樂；喜訊使人心曠神怡。留心規勸的話就是明智。拒絕管教等於輕看自己；聽從規勸便是求取智慧。敬畏上主等於上智慧課；要得榮譽須先學習謙卑。

在這段經文中，〈箴言〉作者再次提到上帝會「垂聽正直人的禱告」，正直人就是依照上帝教導行事的人，這種人也是對上帝有敬畏之心的人。

相對地，上帝「不理會邪惡人」的祈禱，因為這種「邪惡人」的心中根本沒有上帝，即使他們有祈禱，那種祈禱也不會是真的，只是虛情假意，要讓別人看見罷了。

我在台北和信醫院服務，經常會遇到生病的病患這樣問我：「牧師，我有常常祈禱，教會各種聚會我都有參加、也有奉獻，為什麼會得到這樣的病？」有些病人還會接下去說，某某人甚少聚會，只有節期才會來教會，他卻很健康、沒有生病，上帝為什麼這樣不公平？

當一個病人抱著這樣的心態祈禱，並且發出這樣的問題時，並不會使原本的病情減輕，只會加重，就像〈箴言〉作者說的：「寧靜使身體健康；嫉妒是骨中毒瘤。」（14:30）有智慧的人會得到真正的寧靜，也不會去跟別人比較，心靈平靜了，

就會生出喜樂來，就像這裡說的：「笑逐顏開使人喜樂；喜訊使人心曠神怡。」

接下來，經文再次出現「敬畏上主」這句話。〈箴言〉作者一再強調，一個真正有智慧的人，是認識上帝的人。這樣的人會用「敬畏」的心實踐上帝的教導。可以這樣了解：無論任何宗教信仰都一樣，若是對自己所信的神明沒有敬畏的心，那等於是在褻瀆所信的神明。

因為「敬畏」的意思，是指誠心誠意。這樣的態度才能帶領人「走上生命道路」。相對地，若是心存「邪惡的思想」，想要利用神明的庇護做非法的事，就是將信仰看成「有利可圖」，這點在基督宗教信仰中是非常禁忌的。千萬不要以為沒有人知道，其實上帝看人的內心，非常清楚人的心思意念。

讀〈約伯記〉時就會看到，天使到人間去巡察，回到天上向上帝報告。天使認為約伯會對上帝那樣忠實，是因為上帝賜福給約伯很多。這位天使（就是後來的「撒但」）認為，若是上帝不再賜福給約伯，也就是使約伯「無利可圖」時，約伯一定不會再對上帝那樣忠實。

於是上帝就真的將約伯所有的一切都拿掉。結果約伯還是一樣，他說出了最出名的一段話：「上帝賞賜的，上帝又收回。上主的名應該受稱讚！」（約伯記1:21）無利可圖的信仰，才是真實的。這點恐怕台灣的一些宗教信仰還需要很多學習。

所以，若有人貪圖了不義之財，然後拿去捐給教會或是寺廟等宗教團體，其實，那已經是骯髒的手所得到的財富，拿去捐獻給自己所信仰的神明，等於是拿骯髒的錢獻給自己所信的神明，這是很危險的行為。同樣地，若是抱著不正當、不恰當

的心態祈禱，祈求上帝保護自己用不義的手段獲取錢財，或是任何想得到的東西，這都是不敬畏上帝的表現。

　　談信仰，不論任何宗教都一樣，必須從真實且無利可圖這兩點開始學習。否則，就無法獲得真實信仰所帶來的生命力量。

DAY
49 沒有上帝的賜福，一切轉眼成空

〈箴言〉第16章1至5節

策畫在人；決斷在乎上主。人以為自己所做的都對；上主卻審察他的動機。把所籌畫的事交託上主，你就能夠成功。上主所造的一切各得其所；邪惡人的結局就是滅亡。上主厭惡狂傲的人；他絕不讓他們逃避刑罰。

　　〈箴言〉這本經書是以「聰明」與「愚蠢」為主軸，前者的表現是清楚上帝在人生命中的重要性，知道上帝才是生命的主宰；後者的表現則是輕忽上帝是生命之主，總以為人的能力可以勝過一切。

　　作者喜歡用這種非常鮮明的對比，從這角度來說明，一個聰明有智慧的人，必定會清楚知道，無論自己的能力多麼好，若是沒有上帝的賜福，即使所有的計畫看起來都完美無缺，也無法成就。**因為無論人怎樣有能力，就是無法抵擋上帝的決定。**

　　人類科技發展到現今，對地震的出現依然是所知不多，也對頻頻出現的傳染病束手無策，去年（2020年）初出現的「武漢肺炎」讓全世界幾乎趴在地上無法動彈，直到現在（2021年）還是沒有改善。若是我們注意到這些事，就會知道反省，人類也會懂得謙卑下來，不會以為「人定勝天」，沒有這樣的事！無論科技怎樣進步，人還是跟過去一樣，非常脆弱。

　　這裡出現的古老諺語「策劃在人；決斷在乎上主」，不僅

是在西亞地帶流傳的諺語，台灣也有類似的智慧之語，就是我們經常聽到的「千算萬算，不值得天一畫」，說明了人無論多麼認真地計算一切，上蒼只要稍微動一下，事態就完全改變了。〈箴言〉作者進一步說明，當人有了計畫之後，更重要的，就是尋求上帝的指引。

「人以為自己所做的都對；上主卻審察他的動機」這兩句也是流行於當時西亞地帶的諺語。「動機」這一詞，是一種內心的意念、想法。一般人從外表看不出來，即使是父母也無法知道兒女內心的想法。因此，台灣俗語才有這句話說：「會生得囝身，袂生得囝心。」或是華語也有類似的俗語說：「知人知面，不知心。」但上帝卻可以知道人的內心意念，因為祂是無所不知的上帝。

因此，〈箴言〉作者進一步告訴我們，一個有智慧的聰明人，不但知道要心懷謙卑，還會把自己「所籌畫的事交託上主」。當人知道謙卑時，就是上帝伸手幫助的時候，這時人所籌劃的事，就會成功。詩人也這樣說：「要把你自己交託上主；信靠他，他會幫助你。」（詩篇37:5、55:22）。

讀過〈創世記〉的人都會知道，在〈創世記〉第1章記載，上帝在每天的創造完成之後，都會說「上帝看……是好的」。現在〈箴言〉在這裡說「上主所造的一切各得其所」，這是在頌讚上帝創造的美妙。不但這樣，創造的故事中也一再強調上帝將所造之物分類得非常清楚，這都在表明萬物都是各從其類，不會混雜。當有混雜出現時，就會亂了秩序。這也是〈箴言〉作者說這句「一切各得其所」的意思。

再者，〈箴言〉的這句話，也是在表明上帝是一切萬物、

萬事的主權者。就像〈傳道書〉（訓道篇）作者所說的，或是喜樂，或是患難，都是出於上帝的旨意（參考傳道書7:14），想要用人有限的知識、能力去明白，卻是非常困難的（參考傳道書3:11）。這表示，每一件事都有上帝特別的計畫和安排，誠如使徒保羅所說的「萬事互相效力」，因為這一切都有上帝的旨意在其中（參考羅馬書8:28）。

　　我們可以由此知道，沒有上帝的賜福，想要以人的力量自己籌謀，再周全的計畫，都一樣會轉眼成空。

DAY

50

搬弄是非、放假消息，必定惹禍上身

〈箴言〉第 16 章 24 至 30 節

懇切的話有如蜂蜜，使心靈愉快，身體健壯……無賴漢圖謀害人，他的言語像焚燒的火。危言聳聽，製造紛爭；搬弄是非，破壞友誼。強暴人欺騙鄰舍；他領人走上邪路。擠眉弄眼的人心術不正；緊咬著嘴唇的人圖謀壞事。

　　〈箴言〉作者談到有智慧的人，會很清楚怎樣與別人討論、交換意見，且會容得下別人不同的觀點，將這些不同意見歸納、分析，然後才會說出自己的看法。

　　〈箴言〉作者說這樣的人，就是「通達」的人。大家喜歡和這種人交換意見，因為他不會要求別人都聽他的，也不會信口開河、隨便說說，當他整合了大家的意見並加以分析之後，這樣的看法往往具有相當大的說服力。

　　同樣地，一個有智慧的人，不僅在言語上謹慎，在選擇該走的路徑時，也會一樣謹慎。特別是社會地位越高的人，就越要抱有這種謹慎之心，必須時刻警覺，因為他們身邊經常有許多懷有各種意圖的人，想盡辦法提供誘人的好處，要使他陷入羅網中。因此，〈箴言〉作者在這裡說得很清楚：一個有智慧的人，會遠離邪惡，謹慎走正路，只有這樣，生命才會有保障。

　　再者，聽這種有智慧的人講話，總會有一種感覺，像是父母對子女叮嚀一般，語調「懇切」，說出來的話「有如蜂蜜」，

可以餵飽人心靈的飢渴，會使人的「心靈愉快，身體健康」，
這點在耶穌身上清楚地顯露出來，這也是為什麼無論耶穌走到
哪個鄉鎮，民眾聽到他來到的消息，都會搶著去聽他傳講上帝
國智慧的信息。

　　相對於有智慧的人，就是愚蠢人，這種人當中有一種就是
「無賴漢」（台語的「流氓人」），這種人有一個特性，就是唯恐
天下不亂，〈箴言〉作者形容這種人是「言語像焚燒的火」、
「危言聳聽，製造紛爭；搬弄是非，破壞友誼」等。這種人或許
可以逞一時之快，但最後一定會相當悽慘。

　　今天的世界上，最能表現出人心墮落的事，就是「危言聳
聽」、「搬弄是非」這種惡劣行徑。這已經變成一種戰爭，就是
透過電子媒體故意放出「假消息」，使一個原本安定的社會、
國家因此造成動亂。這種原本被認為是缺乏道德倫理的行為，
竟然在這時代成為政府打擊別國的一種「戰爭工具」。會這樣
做的國家、政府，往往是獨裁、極權的政府，在製造假新聞、
假消息這方面最拿手，我們常受其害。

　　可惜的是，如今這確實已經成為戰爭工具了，連民主國家
也在使用。然而，無論是什麼政治體制的政府，越常使用假消
息手段，只會為它所治理的社會帶來混亂，人民彼此之間的互
信度會變得越來越低，這種手段看起來好像是在攻擊對方，但
結果也會傷害到自己。

　　獨裁、極權的政府，本質就是不相信有神，他們的領導者
往往自己扮演「神」的角色，這就是真正問題所在。因為不相
信有神，很自然地，就不會相信有審判。但基督宗教信仰很
清楚地說，確實有審判，且是所有的人都要面對上帝公義的審

判。這點一定要相信，不用懷疑。

這種專門製造和放出假消息、假新聞的人，有許多迷惑人心的操作，讓人看了就很容易受到誘導和欺騙，就像〈箴言〉作者在這裡所說的，他們會「擠眉弄眼」，其實他們是「心術不正」，只想要對方聽信他們的話。他們的所作所為都是為了要「領人走上邪路」，讓人誤入歧途。

但不要忘記，他們這種行徑都會被天使記錄下來。前面有提過，每個人出生時，上帝會賞賜兩個禮物，一是天使的陪伴；二是一本生命冊，專門記錄我們在世上生活和工作的每一件事。這樣，當人去世時，上帝就會依照生命冊上的記載作為審判的準則。因為是天使記載的，想要用人的方式去改是不可能的，也改不了。就算在世上擁有很龐大的權勢、寫下自己很偉大的事蹟，上帝也不會看人自己寫的傳記，上帝看的是天使記載於生命冊中的一切。

DAY 51　要有經得起考驗的心

〈箴言〉第17章1至4節

> 吃一塊硬餅乾而心安理得，勝過滿桌酒肉而相爭相吵。精明的僕人要管轄主人的不肖兒子，且要一同繼承主人的產業。金銀受爐火鍛煉；人心被上主考驗。作惡的人聽信邪僻的話；撒謊的人愛聽欺詐的話。

　　〈箴言〉作者喜歡用「聰明、智慧」和「愚昧、無知」，或是用「誠實」和「謊言」這種對比的方式，來教導我們生命的功課，這是為了讓我們輕易發現二者之間的差異甚大，就容易明白這些道理，進而接受。因此，〈箴言〉不只是用來學習古人的生命經歷，也用來教導新一代的人要成為有智慧的聰明人。

　　作者曾用「素菜」和「酒肉」來強烈地對比「相愛」和「相恨」，這裡則是用「一塊硬餅乾」和「滿桌酒肉」來對照「心安理得」與「相爭相吵」，讓我們清楚看出二者之間的差異。

　　「酒肉」是指肥的牛，也可以指如同君王宴席一般的豐盛奢華（參考列王紀上4:23；阿摩司書6:4；另外參考路加福音15:23），而「滿桌酒肉」也是指獻祭禮儀，大家在獻祭後一起分享這些祭品、一起歡樂。但若是在獻祭後，因為分配或食用時產生糾紛，或是有所不滿（參考撒母耳記上1:3-8），那樣的話，與其為了豐富、珍貴的祭品爭吵不休，還不如分配到「一塊硬餅乾而心安理得」來得好。這裡所謂「一塊硬餅乾」，也

可以表示窮困，沒有什麼好祭品可獻給上帝，就不會有人爭吵了。

〈箴言〉作者一再強調勤勞的重要性，對於懶惰的人則是一再警告。勤勞，這也是有智慧的人的特質。〈箴言〉作者強調只有勤勞的人，才不至於挨餓。相對地，懶惰的人即使是家財萬貫，貧窮的日子也遲早會來臨。這種懶惰者，其中有一種就是繼承了父母所留下來龐大遺產的人，就像〈箴言〉作者所說的，這種財富是「不勞而獲的財富」，很快就會耗盡（參考箴言 13:11）。

現在，〈箴言〉作者說「精明的僕人要管轄主人的不肖兒子」，這「精明」一詞，意思是指「靈巧」，也可說是智慧之意。再者，這詞也含有「認真」、「努力」、「忠實」之意。這樣的僕人必定會取悅主人，甚至會得到主人的完全信任。與這種僕人對比的，就是「不肖兒子」，所謂「不肖」，意思是在外面為非作歹，或是讓父母傷腦筋的兒子。這種兒子，〈箴言〉作者常用「愚蠢」、「無知」來形容。這裡說主人會喜歡忠實又精明的的僕人，甚至連分家產時，分給僕人的分量都會和不肖兒子相同。

基督宗教信仰也一再強調，上帝鑒察人的心思意念。因此，這裡說「人心被上主考驗」，這「考驗」一詞，意思是考核、查驗之意。因此，任何一個人都無法用好看的外表，來掩飾內心的醜陋。就好像前一章提過「擠眉弄眼的人」，這種人內心不好的想法，其實上帝都很清楚。這也是基督宗教信仰所說的，任何人在暗中圖謀的邪惡之事，上帝都知道。相同地，在暗中做了幫助別人的事，上帝也同樣清楚。

52 聰明人絕對不會做的事

〈箴言〉第17章12至16節

> 寧可遇見失掉幼子的熊，不願碰見胡作妄為的愚妄人。以惡報善
> 的人禍患永不離家門。爭論的開始如水決堤，先行制止才不至於
> 氾濫。姑息邪惡，懲罰無辜，二者都為上主所憎恨。愚昧人既無
> 知，用錢換取智慧也無濟於事。

　　〈箴言〉作者蒐集了不少古老的諺語，就像這段經文中的
「寧可遇見失掉幼子的熊，不願碰見胡作妄為的愚妄人」，這是
極大的對比，因為熊是凶悍的野獸，當母熊失去幼熊，就像一
個母親失去了摯愛的幼兒一樣，牠的心情必定相當難過。這時
候，若是有人靠近，這隻母熊會誤以為是這個人將牠的幼熊吃
掉或帶走，就會獸性大發而進行攻擊，這對任何遇到的人或動
物都是極大的危險。

　　但是，有一種人比正在發怒的母熊更可怕、更惡劣，就是
「胡作妄為」的人；這種人專門做傷害他人的事，若是沒有抓起
來制止，這種人會持續不斷地去進行傷害，殘害生命、欺壓貧
窮與弱小的人，這種人帶給眾人的傷害與危險性，比一隻失去
幼熊的母熊更大。

　　這種胡作妄為的人有個特色，就是喜歡「以惡報善」，因
為他不知道感恩，這種人等於是切斷了別人施恩給他的機會，
也是願意幫助他的人最不喜歡遇到的那種人。也因為這緣故，

等到他哪一天再次遇到需要別人幫助的時候，就不會有人再伸出援手了。

胡作妄為的人還有個特色，就是當他擁有權柄時，為了圖謀私利，往往會出手懲罰無辜的人，而且對於那些作惡的人，總是採取「姑息」的態度。這樣一來，社會的紛爭只會越來越多。這就是〈箴言〉作者在這裡說「愛犯罪的人喜歡紛爭」的原因。

也可以這樣了解：上帝所憎恨的兩件事，就是〈箴言〉作者在這裡所說的：一是「姑息邪惡」，二是「懲罰無辜」。其實這兩件事之間有緊密關連，它們都表示了正義不張，沒有公道。在社會中，會有「姑息邪惡」和「懲罰無辜」的事發生，最大的可能，就是官員或有權勢者收受賄賂帶來的結果。摩西制訂的法律非常清楚地說，殺害或是懲罰無辜者的罪，上帝一定會嚴厲懲罰（參考出埃及記23:7-8）。先知以賽亞則用很嚴厲的口吻，譴責這種人一定會遭殃（參考以賽亞書5:23）。

接下來，〈箴言〉作者說了一句很有意思的話，就是「愚昧人既無知，用錢換取智慧也無濟於事」，這話包含了兩個部分，第一個部分是「愚昧人有錢毫無用處」，意思是愚昧人就算有財富，卻不知道正確的使用方式，或是說他不懂得把這些財富用在適當的地方，這樣一來，反而容易因為有了錢財而帶來更大的禍患。

第二個部分是「愚昧人不曉得用錢換取智慧」，原本意思是愚昧人並不想要學習更多的知識，因此，就算有了錢，也沒有意義，因為他不肯學習成長，就學不到如何保住這些錢財。可以這樣說：愚蠢的人只會空有財富；或是我們也可以說，智

慧本身是無價的，並不是用錢可以「換取」到的。**人不能用錢**
來買上帝賞賜的智慧，或是用錢來使自己更認識上帝。有錢人常
會用錢炫耀自己的能力，但即使一個人的錢多到比一個國家更
多，他想要用錢換取自己的生命延長一分鐘，也是做不到，更
不用說想要用錢買智慧了！

　　我們也可以這樣說，生命是否富有，並不是用可數的財富
來衡量，因為這些外在的物質、可數之物，會一再變化。今天
的富有，可能變成明天的貧窮。而上帝是永恆的，只有與上帝
連結，人才會感受到生命的豐富。

　　這就是耶穌所說的，他來，是要使人的生命豐豐富富起
來（參考約翰／若望福音10:10）。這也是為什麼使徒保羅
會說，他寧願拋棄一切所有，只為了要和耶穌連結在一起之
因（參考腓立比書3:7-9a），原因是有了耶穌，等於得到了豐富
的生命。

DAY
53　流傳最廣的一句
智慧箴言

〈箴言〉第 17 章 22 至 25 節

喜樂如良藥使人健康；憂愁如惡疾致人死亡。聰明人做事明智；愚昧人永遠拿不定主意。愚拙的兒子使父親憂傷；他也使母親愁苦。

　　〈箴言〉這本經書中，最常被引用的一句話，就是這裡所說的：「喜樂如良藥使人健康；憂愁如惡疾致人死亡。」

　　類似這樣的話，在〈箴言〉裡面出現多次，例如在第 12 章25 節：「憂慮使人消沉；良言使人振奮。」又如第 15 章 13 節說：「喜樂的人面帶笑容；悲愁的人神情頹廢。」第 15 節說：「苦惱的人日子難捱；達觀的人常懷喜樂。」第 30 節說：「笑逐顏開使人喜樂；喜訊使人心曠神怡。」第 16 章 24 節說：「懇切的話有如蜂蜜，使心靈愉快，身體健壯。」前面引述的這些經文，都有一個共同的中心思想，就是喜樂。而與喜樂相對的，就是憂愁。

　　每當〈箴言〉作者談到「喜樂」，就是**指生命的盼望**，也表示充滿著生命的活力。而「憂愁」，是一種心靈頹廢之態，毫無精神，或對生命未來不再存有盼望之意。再者，也可表示一個人承擔了超過他所能承擔的煩惱，或是不必有的多餘憂慮。

　　當人的心有喜樂之後，做起事來和心中憂慮的人就會很不一樣；心中充滿喜樂的人，做起事來必定明確、俐落，不會優

柔寡斷、猶豫不決、拿不定主意。這也是〈箴言〉作者所說「有智慧的人」的特徵。

心中會得到喜樂的原因，依照聖經的教導，就是認識了賞賜生命的主宰──上帝。因此，認識上帝的人，第一件事就是認知到，上帝最喜愛的事物就是誠實。相對地，上帝最厭惡人撒謊、不誠實。所以，保持誠實的態度面對生命中的各種人事物，喜樂必定隨之而來。

台語有句俗語說：「倖豬夯灶，倖子不孝。」這句話很清楚在說明，父母若是不正確地對待子女，溺愛太過份，結果只會導致子女「不孝」而已，一點幫助也沒有。這就如同〈箴言〉作者在這裡所說的：「愚拙的兒子使父親憂傷；他也使母親愁苦。」這裡的「愚拙的兒子」是指拒絕接受學習智慧，也可以說是拒絕父親的教導，這樣的兒子只會增添父親的苦惱而已。

這句話裡的「憂傷」一詞也含有忿怒、生氣之意，就是說愚拙的兒子不但不學習，還會經常做一些惹父母生氣的事。這很像有許多青少年，因為拒絕聽從父母的勸導，會跟著損友結伴去做傷害別人的事，導致父母必須對那些受到兒子傷害的人負起責任。然而，無論對父母或是孩子來說，這種責任都不是別人可以分擔的事，只能自己承受下來，使得生命中的痛苦更難解除。

所以，有智慧的父母會告訴自己的孩子說，要用所有一切力量來換取智慧，因為有智慧，才能保護自己的生命，也不會走上歪路。這就是智慧的重要──認識上帝，就能學會怎樣好好地生存下來。

DAY

54　你說出的話，就代表「你是誰」

〈箴言〉第18章1至8節

與人寡合的人只關心自己；人以為對的事，他總要反對。愚蠢人不問自己是否有真知灼見，只喜歡在人前自我表現。邪惡跟傲慢並肩同行；侮辱跟無恥影形不離。人的言語能成為智慧的源頭，深如海洋，清如流泉……愚昧人開口啟爭端；他一說話就挨打。愚昧人的口使自己敗落；他的嘴唇是自己的陷阱。閒話有如珍饈美味，一進口就吞下去。

　　〈箴言〉第18章都是以「說話」為主軸，作者要表達一個觀念：**真實的智慧，從說話的事上就可以顯示出來。**作者想要強調，言語確實具有創造和摧毀的力量，就像俗語所說：「一言可興邦，一言可滅國。」其意也是在此。

　　作者在這裡一開始就說到，一個只會關心自己的人，這種人有個特質，就是總以為自己的看法、講法都是對的，聽不進別人的意見，更不用說要聽從別人的勸戒。於是，只要遇到有人跟他的想法、看法不相符，他就反對到底。我們說這種人是心胸狹隘的人，只會為反對而反對。這種人在民意代表中很常見，特別是在野黨的人常常如此，還自以為這樣就是在替人民把關。這種人甚少反省自己的反對是否有立場或是足夠有說服力，更糟糕的是連別人的說明也不聽。

　　還有另一種人也很自私，他不會考慮別人的需要和想法，只想表現自己的才華，以為自己的想法、看法都是真知灼見，

因此，沒有等別人請他發表意見，他就搶在別人說話之前，自己說個不停。這種人可以說是驕傲的人，只想要別人聽他的，並不會注意聽別人怎麼說。這種人最容易犯的錯誤，跟第一種人相同，當他滔滔不絕地說出自己的論點時，若是有人提出不同的看法，他就會惱羞成怒，開始羞辱不同意見的人。

前面講的這兩種人，就像〈箴言〉作者在這裡所說的，是「邪惡」伴著「傲慢」走在一起，這兩者相伴所顯示出來的，絕對不會是榮譽，而是「侮辱和無恥」的連結，因為民眾會清楚知道真正的事情經過，並不是有權勢的人說了算。

〈箴言〉作者喜歡提醒我們一件事：講話，可以代表一個人是否有真實智慧。因為有智慧的人講出來的話，會像海洋的水，也像清新流動的泉水一般，源源不斷地流出來，讓聽到的人感受到一股清流，流淌在人的內心，那種感受是相當美好的。這也是為什麼有句古老俗語說「與君一席談，勝讀十年書」，意思很清楚，聽到有智慧的人講話，比讀十年刻板、沒有新意的書更好。

相對於這種有智慧的人，就是愚蠢的人。這種人講話總是會帶來「爭端」，因為這種人是故意要講引起爭論的話，並不是真的想要解決問題，而是引發更多的問題，最後的結果，就是被聽到的人「打臉」。如果這時候，愚昧人能夠清醒過來，謙卑地去詢問事情的緣由，更清楚事情概況，這樣不但會學到真的知識，也會有極大的進步，這樣就不再是愚拙的人了。

但很可惜的是，這種人總是有個奇怪的心態，就是認為別人都誤會了他、不了解他，認為別人都是無知的，結果，只會讓自己加速「敗落」，不會進步。這種情形在政客身上最常見。

〈箴言〉作者在這裡說了西亞地帶很流行的比喻，說人的嘴唇，就是一口陷阱。若不小心，就會使自己掉落到這口陷阱中。

在日常生活中，有一種話被稱為「八卦」，愛講八卦的意思是專門在說人的私事，但所說的並不一定完全正確，十分中可能只有一、二分是真的、正確的，其餘全都是假的、錯誤的。但說的人卻可以瞎編，講得好像全都是真的一樣。悲哀的是，這種話就像「珍饈美味」一樣，人人都愛，而且聽的時候不用咬嚼，「一進口就吞下去」，聽到的人還會繼續傳出去。

這種「閒話」可說是最危險的利刃，往往會使人在不知覺中受創嚴重（參考12:18a、16:28；詩篇52:2、55:21、64:3）。因此，〈箴言〉作者強調，喜歡聽這種「閒話」的人，久了之後，會變成卑劣的性格，也會變得和愛說「閒話」的人一樣，也成為「作惡」、「撒謊」的人（參考17:4），我們不可不謹慎。

DAY

55 傾聽智言，是聰明人的做法

〈箴言〉第18章13至17節

不先傾聽就搶著回答，就是愚蠢羞辱。求生的意志使人忍受病痛；意志消沉，希望也跟著喪失。明智人的心渴慕知識；聰明人的耳傾聽智言。禮物開方便之門，引你晉見重要人物。先訴說情由的，似乎有理，只怕經不起對方的質問。

〈箴言〉作者好幾次提到有關說話的重要性，話說對了，或是說適當的話，可以使糾紛平息下來，也可以讓不好的情況得到改變。遠的不說，以法庭的訴訟來講，一個非常重要的角色就是律師，有智慧的律師，不僅會提供足夠的證據，更重要的是知道怎樣替自己的案主辯護。

我們也常看到，團體開會討論問題時，經常有人在論述自己的意見時，有其他的人聽不下去，就會打斷人家講話，使得論述者很不高興，就會說：「請讓我把話講完。」

類似這種情景，最常出現的地方就是民意代表機構，特別是在立法院。因為在野黨常常針對某些議題或執政者施政的方式，提出尖銳的指責。當執政者的相關官員要解釋時，竟然會出現在野黨的質詢者一直打斷官員的回答，甚至不讓官員回答的情況。這樣的質詢者或許自認很風光，讓執政官員只能呆呆地站在備詢台聽他用很凶猛的語氣質詢，甚至是罵他，但〈箴言〉作者在這裡告訴我們說：「不先傾聽就搶著回答，就是愚

蠢羞辱。」

這樣的態度跟性情急躁的人相同（參考14:17a、15:18a），表示他的涵養相當低，結果只會為自己帶來更大的羞辱而已。這也是為什麼〈箴言〉作者會強調「多言多語」的人一定會犯錯（參考10:19a），能夠「三思而後回答」才是正直人應該有的態度（參考10:19b、15:28a）。不但這樣，〈箴言〉作者也在這裡說：「聰明人的耳傾聽智言。」

確實是這樣沒錯，有些官員很官僚，甚至很混。因此，議會制度很好的地方，就是可以讓民意代表扮演監督的角色，若是民意代表有做功課，證明官員確實有錯誤，甚至齊全地蒐集到官員貪婪的證據，那他不僅可以在議會中揭發弊病，更能將貪婪、違法亂紀的官員繩之以法。這也是〈箴言〉作者在這裡說的：「先訴說情由的，似乎有理，只怕經不起對方的質問。」因為官員所說的每句話都需要付出代價，而真實的話語可以使自己受到保護，但若是撒謊，就會有被揭穿的一天，恐怕會為自己帶來災難。

當我們談到為官之道，最重要的一件事，就是要廉潔。但在台灣的官場就有這樣的一句話：「做官若清廉，吃飯當拌鹽。」意思是會過得很清苦，因為待遇低（其實這是過去的時代才這樣）。也因為這樣，收受賄賂的事就會發生。〈箴言〉在這裡說：「禮物開方便之門，引你晉見重要人物。」注意，這裡所說的「禮物」一詞，原本是指「賄賂」，而在第15章27節，則是指「不義之財」。因此，用這種錢財當作「禮物」進行賄賂，使有權勢的人「開方便之門」，或是使人「晉見重要人物」，就像俗語所說的「有錢可使鬼推磨」一樣。

　　但是，這樣做往往會導致無辜者受害，因為會收受這種賄賂之錢的重要人物，通常都是「腐敗」的官員，結果會使「正義得不到伸張」（參考17:23）。所以就像〈箴言〉作者所說的，貪圖這種禮物的人，最後只會害人害己。

　　此外，只有很愚蠢的人才會接受賄賂，因為當他這樣做時，他的兒女也在看、也在學，而他們學習到的，就是不誠實的作為。這樣，連自己的孩子也被帶壞、連累了，絕對是不值得的行為。

DAY 56　豐富的生命歷練才是真財富

〈箴言〉第19章1至8節

貧窮而正直，勝過詭詐又愚蠢……有人因自己的愚行毀了前途，他反而心裡埋怨上主。有錢人隨時有新朋友；貧窮人連僅有的幾個也保不住……貧窮人連親人都厭棄他，朋友更要疏遠；他尋找友誼，卻無處可找。追求知識就是自愛；持守智慧，幸福無窮。

　　〈箴言〉作者常談及貧富之間的問題，在人類社會中，無論是在哪個國家、族群，貧窮和富有一直是社會的問題，這並不是今天才有，而是自古以來就有的現象。

　　大部分人都喜歡家財萬貫，過著富裕的生活。但聖經卻不是這樣子教導，特別是耶穌說過：「你們要謹慎自守，躲避各樣的貪婪；因為，一個人無論怎樣富裕，他的真生命不在乎他有多少財產。」（路加福音12:15）「貧窮的人多麼有福啊；你們是上帝的子民！」（路加福音6:20）從耶穌所傳講的這些話，就可看出富有並不表示美好，相對地，貧窮並不都是不好、很壞的事。因為生命的價值和這些沒有直接關係。

　　這段經文裡，作者開頭就說「貧窮而正直」比當個「詭詐愚蠢」的富人還要好。因為聖經會用「詭詐」來形容，已經很清楚在表示這個人的財富並不是正當手段得來的，換句話說，他的財富可能是欺騙、壓榨別人而得到的。〈箴言〉作者說過，一個人用不正當的手段奪取、得到財富，這樣的人必定會喪失

一切（參考10:2）。因為詭詐的行為就是愚蠢，〈箴言〉說這種人一定會自毀前途，更糟糕的是，當他們惡劣行徑被揭發而身敗名裂時，又來怪上帝沒有照顧他。

和這樣的富人相對的，就是貧窮人，不但容易被瞧不起，甚至「連僅有的幾個朋友也保不住」，有時連「親友都厭棄他，朋友更要疏遠」。因此，沒有人喜歡出生在貧困的家庭，也沒有人願意自己是個貧窮人。但在耶穌的比喻中，卻認為貧窮人會受到上帝特別的偏愛（參考馬可福音12:41-44；路加福音16:19-23），原因是這種人不會起驕傲之心。但要注意，若貧窮是個人因素（例如浪費、懶惰、好賭、吸毒等）造成的，就不是聖經所說的「貧窮」的本意。

值得注意的是，當我們的社會在講財富時，幾乎都是講物質上、可數的財富。聖經講財富，卻不是停留在這層面，而是涵蓋更廣泛。這也是為什麼這裡一開始就會說一個人若是富有卻是愚蠢，倒不如貧窮而有智慧。因為真正的財富不是在可數的物質上，而是在智慧，而這份智慧包括心靈的滿足，以及生命豐富的經歷。

怎樣才算「富有」或是「貧窮」？每個人的定義不會相同。〈箴言〉作者在這裡說「追求知識就是自愛；持守智慧，幸福無窮」，這很清楚說出一個觀念：一個有智慧的人，會知道怎樣才能使生命活得有意義。**這種生命的意義，常常是在艱困環境中學習起來的。**因此，可以在最惡劣的環境下生存下來，這就是真實的富有。相對地，若是生命遇到了困境，就失去生存的意志，這就是所謂的貧窮。

這正好是以色列這個民族的共同經驗；他們是從多次亡

國，人民被擄去當奴隸這樣的惡劣環境中，學習到一定要「持守智慧」，也就是一再保有一個重要的生命理念：上帝才是我們生命的拯救者，祂一定會替我們伸冤。

我們台灣的宗教信仰很貧乏，通常都喜歡將信仰和錢財的富足連結在一起，而不是和生存的意志力連結，這都失去了真實信仰的本質，非常可惜。

DAY

57 好的管教，是從父母自身做起

〈箴言〉第 19 章 11 至 18 節

明智人不輕易發怒；不追究人的過失便是美德……愚蠢的兒子是
父親的災禍；爭吵的妻子像雨滴漏不停……懶惰的人整天沉睡；
好閒的人必將挨餓……趁兒女年幼可教時，應即時管教，但不可
過激，以致毀滅了他們。

　　如果有人問上帝的特性是什麼，除了「無所不能」、「無所
不在」、「無所不知」外，另有一項特性很重要，就是「不輕易
發怒」（參考出埃及記 34:6；詩篇 103:8；約拿書／約納 4:2）。
原因是上帝知道人的軟弱和有限，所以將耶穌差遣到世界上，
要救人脫離罪的束縛。因此，〈箴言〉作者在這裡說，一個有
智慧的人，也是真的認識上帝的人，一定會將上帝的特性給呈
現出來。

　　這種「不輕易發怒」，主要表明在「寬恕」別人得罪我們
的事。並不是不當作一回事，而是知道對方有錯誤，但要用
「不追究人的過失」的態度看待這種錯誤，這是顯示自制的能
力，也是一種「美德」，不僅會得到被寬恕者的感恩，也會有
知情者表示讚賞，想要跟著學習。

　　聖經記載，大衛在兒子押沙龍（阿貝沙龍）叛變後，遇到
掃羅（撒烏耳）的兒子示每（史米）當眾羞辱他，大衛身邊的
侍衛想要出手懲罰示每，但被大衛阻止下來。他要身邊的護衛

不要傷害示每，並且選擇把這件事容忍下來（參考撒母耳記下16:10-13）。直到後來，大衛敉平了兒子押沙龍的叛亂，重新執掌政權之後，大衛還是寬恕了示每，沒有藉此報復（參考撒母耳記下19:18b-23）。這樣就可看出，「不輕易發怒」的表現是：可以出手反擊、懲罰，但決定不這樣做，寧願寬恕對方，讓對方有機會改變。因此，〈箴言〉作者說這是一種「美德」，原因在此。

前面有介紹過日本的宮崎亮醫師的故事，他要帶著妻子和兩個稚齡孩子前往非洲去當宣教師，他的父母擔心孫子受教育的問題，他對父母說：「父母行為若正確，孩子的教育已經完成一半，其他的已經不是最重要的了。」

將宮崎亮醫師所說的這段話，結合〈箴言〉作者這裡所說的「趁兒女年幼可教時，應即時管教」，就可以理解父母要給子女的教育，就是**身教**。而身教的第一步，就是子女會犯錯，但父母「不輕易發怒」，而是會寬恕。在寬恕中給予正確的指導，這就是孩子學習的榜樣。

這也是我一再強調的，所有的教育根本，是在幼兒和小學的教育，而不是在大學或更高端的教育。也就是說，並不是所有人都需要進大學、研究所。所謂國民教育，就是全國所有的人都需要接受的基礎教育。基礎教育若做得不好，即使有了大學或研究所，也是脆弱。但若國民教育的根基很強，這樣的國家必定堅強、穩固。以色列這個國家今天很強，原因就是基礎教育非常紮實，而他們的基礎教育中，最重要的一環就是家庭教育，也就是父母給予孩子的教育。

我們要注意的一件事，就是以色列人的家庭教育中，認為

最重要的就是宗教教育。他們並不是在教導孩子怎樣敬拜上帝，而是**從教導孩子認識聖經開始**。這也是我去以色列訪問時，他們的「拉比」（老師）告訴我的事。他們的小孩在八歲之前都會背誦〈出埃及記〉的第1至24章和第31至34章，因為這本經書不僅有上帝的十誡、祖先出埃及的歷史，更重要的就是認識上帝才是生命的主宰，是我們的保護者，也是拯救者。

　　另外，〈箴言〉作者在這裡也提到父母在教導子女時，要特別注意的是「不可過激，以致毀滅了他們」，這種情形在台灣社會向來有不少案例發生。有很多家庭已經「失能」，所謂「家庭失能」，意思是父母已經失去了教導孩子的能力，我們發現很多父母離異的單親家庭，家長因為忙著賺錢，對孩子疏於管教；也有不少父母整天喝醉酒，甚至在酒醉之後，用暴力對待孩子。這些都是用錯誤方式對待孩子的實例。

　　請記得，好的教育，是從家庭父母開始做起。這種教育除了生活的規律之外，再來就是正確的宗教教育，這是很值得我們學習的生命功課。

DAY

58 計畫事情時 要考慮的第一要素

〈箴言〉第 19 章 21 至 23 節

人可能有許多計畫，但只有上主的旨意生效。貪婪是可恥的；貧窮好過撒謊。敬畏上主，得享長壽；安居樂業，禍患不臨。

　　有一句我們甚為熟悉的諺語是：「千算萬算，不值得天一畫。」〈箴言〉作者也說過：「策劃在人；決斷在乎上主。」、「策劃在人，但上主導引你的腳步。」、「人儘管抽籤問卜，但決斷在乎上主。」現在〈箴言〉作者又在這裡說：「人可能有許多計畫，但只有上主的旨意生效。」

　　類似這種諺語在許多民族都有，主要在說明一個重要的認識：人想用自己的能力勝天，是很愚蠢的想法，應該要「順天」才是正確的。這也是基督宗教信仰所強調的，**人無論能力有多強，若不遵行上帝的旨意，所有一切的努力都會落空**。整本聖經都在表明一個基本認知：遵行上帝的旨意，成就的事才會永遠存續下去。

　　最近科學界帶給全世界的最新訊息，就是美國已經將衛星降落在火星上，並且傳回在火星上的照片。這表示人類科技確實很發達，已經去過月球，現在又跑更遠，去到火星。相信再過不久，就會有人到火星上去漫步。可是另一方面，「武漢肺炎」在全世界蔓延，造成各地的貿易、工作、旅遊、生活、教育幾乎都停擺，歐美的科學家雖然已經研發出疫苗，還是無法

真正地戰勝病毒，科技再先進，疫情也沒辦法如我們所願地完全控制下來。

再者，別的地方遇到的自然災害不說，單看美國德州在今年（2021）2月16日發生暴風雪，這是過去從沒有發生過的事，造成嚴重的斷電、斷水，許許多多的人一夕之間成為難民，凍死的有之、病倒入院的更多。回頭看我們台灣，號稱是全世界製造奈米晶片最先進的國家，全世界都希望我們生產、提供晶片給他們，否則他們的汽車動不了，但我們有製造全世界最需要的晶片能力，卻因為上天遲遲不下雨而不知所措，完全無可奈何。因為若沒有水，晶片也造不出來。

只要將這些發生在我們四周的事件連結起來，就會發現人類真的是非常脆弱。這就是〈箴言〉作者一再提醒我們知道的：無論我們怎樣策劃、有多少計謀、能力多強大，都不要忘記，要將上帝的旨意列入最重要的考慮。否則，我們所有的努力都將功虧一簣。

若要學習將上帝列入我們所有的計畫中，就要從學習「敬畏上主」的信仰態度做起，這也是〈箴言〉作者在這裡所說「敬畏上主，得享長壽」的意義。有敬畏上帝的心，人就不會驕傲，會謙卑下來。另外一點非常重要，就是學會敬畏上帝，這樣的人必定知道誠實是最基本的要件。誠實的人，一定誠實說話，不會撒謊陷害別人，更不會「貪圖不義」。因為敬畏上帝的人，會清楚知道上帝鑒察人的內心，知道人心的意念。

當一個人知道敬畏上帝後，就會知道這是一生的生命功課，因為信仰不是一時興起而學，等熱情一過就鬆散下來，這樣不算是「敬畏上帝」該有的態度。這也是我在教會一再遇到

的情形，有的人是將信仰當作生財手段，或是有某種目的，等這目的達到了，或是沒有得到想要的事物，就不再學習。這都是〈約伯記〉作者所說的「有利可圖」的信仰態度，但真正的信仰不是有利可圖才要信，而是即使無利可圖，也會堅持學習。

以這樣的信仰觀念來看台灣今天的宗教信仰，距離真實的信仰態度確實還有一段距離。我更擔心的是有越來越多基督教會也跟著一般民間宗教信仰走，提供「有利可圖」的內容，這是非常不好的信仰教導。因為基督宗教信仰是從生命的苦難開始學起的，是學習為什麼人的生命會有苦難，而不是從「信耶穌會得什麼」進入學起，這點認識很重要。

DAY

59　喝酒時必須注意的三件事

〈箴言〉第20章1至7節

淡酒使人怠慢；烈酒使人發狂；酗酒總是不智……自以為忠信的人很多；但真正誠信的有幾個？義人行為正直，他的子孫幸福無窮。

在世界上，喝酒可說是每個民族都有的生活文化，而在巴勒斯坦地方，酒幾乎就是生活的一部分，特別是在耶路撒冷，除了像摩西法律中所規定的，發誓要守「神聖生活」之約的「離俗人」（或稱「拿細耳人」）必須禁酒，一般人幾乎是家家戶戶都會自己釀酒。

舊約聖經也提到上帝的賜福之一，就是賞賜「新酒」（參考民數記／戶籍紀18:27；申命記11:14、33:28；箴言3:10；耶利米書／耶肋米亞31:12；約珥書／岳厄爾3:18；撒迦利亞書／匝加利亞9:17），因為有新酒，就表示有新的水果收成，特別是葡萄。先知以賽亞則是以「酒與奶」來形容上帝拯救的恩典（參考55:1）。

雖然如此，〈箴言〉作者卻在這裡說「淡酒使人怠慢；濃酒使人發狂」。要注意，這裡所說的「淡酒」使人「怠慢」（也有「放縱」、「嘲弄」之意），就是雖然沒有喝很多酒，但講話的內容卻有調戲、鄙視別人的用意，意思是藉著喝酒聊天，但所說的話都是一些沒有意義的事，對什麼都極盡所能的批評，

對正經的事、該做的事卻毫不在意。

而後者「濃酒」會使人「發狂」，就是失去正常的思慮，看不清楚事情的實際狀況，有語無倫次的現象出現。最常出現的行為，就是與人爭吵，且往往在酒醒之後，問他為什麼，他總是忘記了發生過的事。最糟糕的是，喝濃酒的人，開車時往往看不清正確的方向，車禍也因此發生，不只會傷害自己，更會傷害別人。因此，〈箴言〉作者也提醒說，一個好的君王不可喝酒，以免忘記國法，忽略了窮苦人的權益。

接著，〈箴言〉作者提到喝酒的第三項問題，就是「酗酒總是不智」。這裡的「酗酒」，是指喝酒喝到無法克制自己的時候，表示已經喝到若是沒有喝酒，會很難過，失去控制力，一般說這種情形就是酒精中毒。

聖經中有幾則這樣的例子，例如〈創世記〉第9章21節的挪亞（諾厄），醉到沒有穿衣服；〈創世記〉第20章33節、35節，記載羅得（羅特）因為喝醉而不知道自己分別跟兩個女兒睡覺，發生亂倫行為；〈撒母耳記上〉第25章36節記載一位大財主名叫拿霸（納巴耳），因為醉酒而喪命。

也因為人常有這種喝了酒就出現無法節制的失控行為，因此摩西法律很清楚規定，「祭司」要進入聖幕舉行獻祭禮儀之前，是不准喝酒的（參考利未／肋未記10:9）。要成為上述提起過的「離俗人」的要件之一，也是禁止喝酒（參考民數記6:3），這是要避免因為喝酒導致行為亂了序，尤其是祭司在辦理獻祭的事，這是很神聖的事，絕對不可以因為喝酒使整個獻祭禮儀失序。

相對於喝酒壞事、酒後亂性的人，接下來的章節，〈箴言〉

作者講到了「誠信」的人。

　　每個人都自認是個忠誠可靠的人，沒有人會自承是個壞人或是不可信的人。我們看到許多行業都會舉行類似發誓的禮儀，醫師、宗教師都是。比如長老教會的牧師封牧時，就要發誓立約；天主教神父、修女也要發「終生願」。

　　過去醫科畢業時，會發誓遵守「希波克拉底誓詞」（Hippocratic Oath），俗稱「醫師誓詞」，是西方傳統上醫生行醫前的誓言。希波克拉底是一位古代希臘醫生，被譽為西方「醫學之父」。在他所立的這份誓詞中，列出了一些特定的倫理上的規範，表示會當一個忠誠、盡忠、可靠的人。不但是醫生，護理人員也會發這個誓言，軍人也不例外。

　　有趣的是，很多科技公司在重要的技術人員或高階主管要離職時，也會簽訂一份條約，就是幾年之中，不可以到其他相同產業的公司任職，以免影響到原有公司的權益。但一個人簽完之後是否真的有做到，並不是自己說了算，而是需要經過測試才能得知。

　　〈箴言〉作者一再告訴我們，忠誠的心，是上帝所喜歡的。這是因為以色列文化中，將上帝和以色列民族的關係比喻為「夫婦」，而夫妻相處最貴重的就是忠誠。〈箴言〉作者說「忠誠」的重要性，遠比任何有形的財富更為重要。而上帝會賞賜給忠誠人最大的福氣，就是他的「子孫」都會因此而「幸福無窮」。

DAY 60　說話是一種藝術，也是品格的標記

〈箴言〉第20章10至20節

兒童的品格是否良善，從他的行為可以看出。能看的眼睛，能聽的耳朵，都是上主的恩賜……說話中肯，勝過金銀珠寶……愛說閒話的，洩漏機密；好饒舌的，不可結交。咒罵父母的人，他的生命要像一盞燈在黑暗中熄滅。

　　我們聽過一句俗語說：「細漢偷挽匏，大漢偷牽牛。」這也是〈箴言〉作者在這裡所說的：「兒童的品格是否良善，從他的行為可以看出。」這種「品格」，是指一個人對「是非曲直」的分辨能力，而「行為」是指藉著各種活動，就可看出一個孩子的心思「是否良善」。這點跟父母的家庭教育有密切關係。

　　猶太人向來重視家庭教育，母親負擔家庭教育中的重要角色與責任，而這種教育從小就是以上帝十誡作基礎，然後開始教導歷史的經典──先是〈出埃及記〉，接著就是〈申命記〉。他們認為學習摩西法律，就是認識上帝的旨意。而〈箴言〉這本經卷的主軸之一，就是讓人知道敬畏上帝，只有這樣才會是個智慧者。

　　我前面提過好幾次，日本的宮崎亮醫師說，父母行為若是正確，孩子的教育已經完成一半，其餘的已經不重要了。為什麼宮崎亮醫師會這樣說？這就是〈箴言〉作者在這裡說的，上帝賞賜給我們眼睛可看，也賜給我們有耳朵可聽。小孩的成長

過程，最常使用的就是用眼睛看見、用耳朵聽到，而父母就是他們看見、聽到的樣本，也是他們學習的對象。

　　一般人會把「金銀珠寶」看成最美好、貴重的事物，但〈箴言〉作者卻認為真實的知識、智慧，遠勝過人間最受喜愛的金銀珠寶（參考3:14-15、8:10-11）。作者在這裡提到「說話中肯，勝過金銀珠寶」，這裡「中肯」一詞，就如同第25章11節所說的「得宜」。這句話已經說明，有智慧的人說出來的話語，不但會排解糾紛、解決爭端，還會為社稷帶來和平，其中的價值，完全不是金銀珠寶可以比擬。因為擁有金銀珠寶，也不一定能夠解決爭端，更不一定能換到真實的和平。

　　講話是一種藝術，也是一種品格的記號。也因此，〈箴言〉作者用很多篇幅提到講話的重要性。作者一再強調，只有愚蠢人才會到處說「飛短流長」的話，也就是四處去說閒話。這種人也是屬於不可靠的人，在這種人口中沒有機密可言。因此，最好不要跟這種作朋友，因為沒有任何好處，只會受到連累。

　　在所有講話當中，最需要注意的，就是不可以「咒罵父母」。摩西法律很清楚規定，咒罵父母的人要判處死刑（參考出埃及記21:17；利未記20:9），因為這是違背十誡第五誡所說的「孝敬父母」的誡命（參考出埃及記20:12）。

　　〈箴言〉作者在這裡形容得非常好，說會咒罵母的人，就像「一盞燈」，會「在黑暗中熄滅」，意思是完全沒有任何希望可言。這「燈」字，希伯來文的原意是指「後裔」、「後代」，所以，「一盞燈」表示有後代可延續自己的生命，是象徵著宗族生命的亮光和希望。同時「一盞燈」也表示著非常微弱，需要小心保護。

雖然〈箴言〉在這裡說是「兒童的品格」，其實也是在說我們每一個人的品格。這也是為什麼有心理學家說，一個人的性格在三歲時就會定型下來。除非環境有很大的改變，否則小時候遇到、看到、聽到的事物，都會在無形中塑造一個人的品格，是變得良善還是變得卑劣。這點是我們需要特別注意的。

DAY **61** 向上帝許願，
必須三思而後行

〈箴言〉第20章22至25節
—
不可自行報仇，要信靠上主，他必為你伸冤。不準的法碼，假的天平，都為上主所厭惡。上主決定我們人生道路，誰能知道自己的行程呢？向上帝許願前必須三思，以免後來懊悔。

　　任何宗教信仰都有一個信仰認知，就是會談到「報應」這件事。聖經裡面也一再談到上帝會報應這件事，就像〈約伯記〉第34章11節說：「上帝按照人的行為施報應，按照人所應得的待他。」先知耶利米（耶肋米亞）也這樣說：「我—上主探索人心，查驗人的肺腑；我照個人的作為報應他。」（耶利米書17:10）現在箴言作者在這裡說：「不可自行報仇，要信靠上主，他必為你伸冤。」後來，使徒保羅也引用了〈箴言〉這句話，來勸勉羅馬教會的信徒（參考羅馬書19:19）。

　　會一再強調上帝必定報應，且會依照每個人所做的施報應，原因是建構在一個基礎上，那就是基督宗教信仰所強調的，這位生命主宰上帝，祂是公義的，這種信念串連在整本聖經中。公義的上帝一定會替受到冤屈的人伸冤。而這也是箴言作者會在這裡說出「要信靠上主」和「不可自行報仇」之因。

　　會有這樣的看法，是因為**人所了解的，常常都不完整、不齊全，若是自行報仇，很可能造成無辜者受害**。不但這樣，〈箴言〉作者更進一步說，千萬不要用幸災樂禍的心態來看仇敵遭遇的

苦難（參考 24:17），且當仇敵飢渴的時候，還要給他吃喝。作者說這樣做，才是「報應」仇敵的最好方式（參考 25:21-22）。這樣的看法正好符合了耶穌所教導的，要「愛你的仇敵」（參考馬太福音 5:44），甚至是有人「打你的右臉，連左臉也讓他打吧」，「要你的內衣，連外衣也給他吧」（參考馬太福音 5:40）。

接下來，箴言作者提到一個很重要的概念，也是許多人向我詢問過的一個問題，那就是向神「許願」。

對自己所敬拜的神明「許願」，這在每個宗教信仰都有，沒有例外。但要注意的是這「許願」一詞，也是一種「發誓」之意。在聖經時代，通常要向上帝許願時，會用獻祭的方式來進行。但有時人會因某種企圖心，或是有某種需要，就大肆鋪張地向上帝獻祭，到了後來，發現所許的願並不正確，或是知道了錯誤，這時候就會「懊悔」所許的願。

但是，摩西法律就很清楚規定，人若許下了願，就必須還願，否則就是犯罪（參考申命記 23:21-23）。因此，〈傳道書〉作者就有這樣的教導，若是許願不還，不如不許願，以免因此而犯罪（參考傳道書 5:4-6）。〈箴言〉作者在這裡特別提醒說：「向上帝許願前必須三思，以免後來懊悔。」這句話使我想起一則希臘神話故事：

有一個人向神明祈求，希望能有一副靈敏的耳朵、一對可以看得非常遠的眼睛，以及一雙能跑得像馬一樣快的腿。他說，若能得到這些，他會大大獻祭給神明。

他許願後的那個晚上，剛躺下來要睡覺，就聽到遠處傳來相當吵雜的菜市場叫賣聲，使他無法入眠。但他感到相當奇怪，已經深夜了，菜市場不可能還在做生意。於是他起床打開

窗子往外看，發現在遙遠的地方，天已經亮了，在市場買賣的人很多，非常吵雜。於是，他想去探個究竟。

他就真的跑去了。但沒有想到，當他抵達菜市場時，聽到大家在喊「鬼來了」。人們很快地四散躲藏起來，整個菜市場就只剩下他一個人。他跑累了，也感到有點口渴，便去水池想要洗臉喝水，沒想到他看見水池中真的有「鬼」，嚇一跳，趕快去找一支棍棒，準備當鬼出來時，要猛力打下去。結果他發現，水裡面那個「鬼」的動作和表情都和自己的動作表情很像，而且除了眼睛和耳朵外，其餘地方都和自己的臉一模一樣。

這時他想起自己的腳，低頭一看，發現他的腳就像馬的腿一樣粗壯。他終於恍然大悟，原來菜市場的人在叫「鬼來了」是在講他！這時，他很懊惱地向神明說，他不要這些，請神明收回去，但神明說這是他許的願，他要自己承擔下來。到這個時候，這個人後悔也來不及了，只能懊悔自己輕率的許願。

〈箴言〉的作者提醒我們，向上帝許願，不要有「貪婪」的心，更重要的，不要向上帝祈求自己不明白也承擔不起的事物。這是一件很重要的信仰功課，也是生命態度。

DAY

62 比豐美的獻祭 更讓上帝喜悅的事

〈箴言〉第21章3至8節

秉公行義比獻祭更蒙上主悅納。邪惡人狂妄高傲，炫耀自己，這就是罪。計畫周詳的人富足；行為衝動的人貧苦。不義之財如過眼煙雲，使人陷入死亡。邪惡的人為自己的暴戾所毀滅，因為他們拒絕走正直的路。犯罪的人路徑彎曲；純潔的人行為正直。

　　行公義，這幾乎就是整本聖經的教導。無論是達官顯要或是一般民眾，都要秉公行義，才能獲得上帝的喜悅。因為公義就是上帝的形像，上帝的特質之一，就是「公義的上帝」。

　　〈箴言〉作者在這裡說：「秉公行義比獻祭更蒙上主悅納。」這已經清楚說明上帝是公義的，祂不會將獻祭看成比行公義更重要的事。因為有時候，獻祭的物品就是用不正當的手段奪取得來的，若是如此，這種獻祭不但不會榮耀上帝，反而是在褻瀆、汙辱上帝的神聖，非常地不可取。

　　這就是先知以賽亞所說的信息，上帝不要以色列人帶來許多獻祭的物品，倒希望他們能把手洗乾淨，不要再讓上帝看見他們那雙沾滿了血漬的手。除此之外，還要他們學習公道，伸張正義，幫助受壓迫的人，保障孤兒，為寡婦辯護（參考以賽亞書1:15-17）。

　　類似這樣的信息，在先知耶利米（參考22:3）、何西阿（參考12:6）、阿摩司（參考5:15、21-24）、彌迦（參考6:6-8）等

處也再三出現。因此我們知道,「秉公行義」的人,就是在實踐、彰顯上帝的特性。若要真正認識上帝,就是從這點來認識(參考耶利米書9:24)。

箴言作者也說「邪惡人狂妄高傲」,這裡的「狂妄」一詞原本是「燈」的意思,表示越是驕傲的人,越把自己看得比別人更重要、更有成就,就會更想要突顯自己的「亮光」,這是一種驕傲的態度。這種人最喜歡的方式,就是「炫耀自己」的才華或是能力,但這樣的人心中不會有上帝(參考詩篇14:1),其結果必然會導向滅亡和衰敗(參考箴言16:18)。

〈箴言〉在這裡說,抱持這種態度就是「罪」,因為驕傲的表現,就是離上帝的教導越遠,所犯的罪就越明顯。對這種人,上帝必定會懲罰(參考箴言16:5)。其實,會作惡的人,沒有人是謙卑的,因為謙卑的人都很清楚上帝就在他身邊看著他所做的一切,他必須很小心,以免做出悖逆上帝旨意的事。

作惡的人不會這樣,他們會「拒絕走正直的路」,也因此做出傷害別人的事。他們使用的手段或是說出的話,常常是非常「暴戾」的。就像這裡所說的,他們不願意走正直的路,而是故意走「彎曲」的「路徑」。這很清楚在說明他們所想的,就是不走正確的道路,他們策劃的計謀,就是貪圖別人的財物(參考彌迦書2:1-2),或是想要陷害別人(參考列王紀上21:8-10)。不過這樣的結果只會為自己帶來滅亡,一點益處也沒有。

在台灣,有很多「討債公司」的人,他們經營地下錢莊,放高利貸,讓無法還債的人越來越困難,然後他們就使用許多殘酷的手段,逼迫對方償還,若是無法償還,往往會遭遇非常殘酷的凌虐。這種行為,絕對不會被上帝所寬恕。

DAY
63　基督徒該有的
社會責任

〈箴言〉第 21 章 10 至 21 節

邪惡人日夜想做壞事，對鄰人毫無慈心……充耳不聞窮人哀求的，自己求助時也無人理睬……秉公行義使正直的人高興；作惡的人卻心懷恐懼。從明智路上迷失的人，死亡在等著他。整天宴樂，必然窮困；吃喝無度，怎能富足？

　　〈箴言〉作者喜歡用「邪惡人」來形容離棄上帝之人的特性，包括自以為所做的事沒有人知道、欺壓貧困、說撒謊的話、作假見證陷害別人、收受賄賂等等。

　　現在作者說邪惡人的另一個特性，就是「日夜想做壞事」。所謂「日夜」就是指每一天，表示整個思維和行動都已經腐壞了，沒有潔淨的。即使做出來的事表面上好像是好的，其實真正的目的還是邪惡的。

　　這種邪惡的人，他們對別人（特別是鄰居）所遇到的苦難，絲毫沒有慈悲憐憫的心，他們常有的心態是幸災樂禍。因此，聖經作者一再重申，對這種邪惡的人，上帝一定會嚴厲懲罰。

　　〈箴言〉作者又收錄一句流行於西亞地帶的諺語：「充耳不聞窮人哀求的，自己求助時也無人理睬。」這段話也含有報應的意思，就是我們甚為耳熟的俗語：「善有善報，惡有惡報。不是不報，是時候未到。」其實，類似的話在〈箴言〉裡確實出現了好幾次，例如：

- 對無故被拉去處死的人，你要伸手救助，不可躊躇。你也許以為事不干己，但上帝要按照你的動機審判你。他鑒察你，洞悉你的內心。他要照你的行為來定賞罰。（24:11-12）
- 憐恤貧窮的有福；輕視鄰舍的有罪。（14:21）
- 濟助窮人等於借錢給上主；他的善行，上主要償還。（19:17）
- 慷慨把食物分給窮人的，必然蒙福。（22:9）
- 賙濟貧窮的，從不缺乏；見貧不救的，必受詛咒。（28:27）

上述的諺語，都在說明一個很重要的教導：**幫助窮人，是會被上帝賜福的行動**。如果聽到貧窮人發出求救的聲音，卻充耳不聞，這就像是失去了良心一樣，或是說良心被「油脂包住」了。這樣的人一定會被上帝懲罰。因此，〈箴言〉作者就在這裡說，改天換自己遇到需要別人救助的困難時，這時報應就出現了，不會有人理睬。這也是基督宗教信仰告訴我們的，每個人都帶有社會責任，也就是說，信徒該有社會關懷的責任，不能眼睜睜地看著別人被欺壓、陷入苦難，卻認為事不干己，這是說不通的。

我想起一位德國路得會的馬丁牧師（Rev. Martin Niemoller），他也是反納粹的神學家，當希特勒開始迫害猶太人、身心障礙者、吉普賽人，以及耶和華見證人會的信徒時，那時德國人幾乎都靜默不語，但馬丁牧師就出來說這樣的話：「起初他們追殺共產主義者，我不是共產主義者，我不說話；接著他們追殺猶太人，我不是猶太人，我不說話；此後他們追殺工會成員，我不

是工會成員，我繼續不說話；再後來他們追殺天主教徒，我不是天主教徒，我還是不說話；最後，他們奔我而來，就再也沒有人站起來為我說話了。」

馬丁牧師的這段話，刻在美國波士頓紀念猶太人被大屠殺的紀念碑上。而這段話可作為此節經文最好的寫照。

〈箴言〉作者在這裡說：「整天宴樂，必然窮困；吃喝無度，怎能富足？」這都是在表示生活不知節制，過著窮奢極侈的生活（參考路加福音16:19），就像先知阿摩司在譴責他那時代北國以色列的社會，有人就是過著這種非常奢華的物質生活，例如：睡在象牙床上、喝最好的美酒、擦最上等的香水、吃嫩牛和肥羊的宴席，然後靠在安樂椅上享福等等（參考阿摩司書6:4-6），這樣的人最後必定會「窮困」、潦倒，不可能「富足」。因為富足的基本要件，就是辛勤工作，且會知道節儉。

社會中經常會看見高級餐廳，一吃就要上萬元。但就像前面提起過的，有不少窮人家，特別是現今的年輕人，一個月的薪水也抵不上這些有錢人吃的一餐飯，這種極其明顯的奢華生活若是成為習慣，就很難聽得進窮人發出的求救聲，就像前面所說的，他們的良心被油脂包裹著，不知道要伸手救助他人，有一天，上帝的報應一定會臨到己身，那時就來不及了。

64 上帝才是每場勝負的決定者

〈箴言〉第21章22至31節
—
運用機智能奪取勇士的城池，摧毀他所倚靠的堡壘……義人做事有自信；惡人卻假裝勇敢。上主若與你為敵，所有智慧、聰明、策略都與你無益。人可以招兵買馬，準備打仗，但使人得勝在乎上主。

　　〈箴言〉這本經書講的就是智慧的重要性，而我也一再提醒，所謂「智慧」，是指認識上帝才是生命主宰。因此，有智慧的人就會知道，有上帝賞賜的能力，遠比人的能力更強，這就是這裡開頭說的：「運用機智能奪取勇士的城池，摧毀他所倚靠的堡壘。」

　　其實〈箴言〉這句話可能有個背景，就是當大衛接下以色列國的國王王位時，他發現整片迦南地還有一個很重要的城沒有攻打下來，就是「耶路撒冷」。從約書亞帶領以色列人進入迦南地之後，歷經好幾代的士師，到君王體制建立後的掃羅王，也沒有將耶路撒冷城攻打下來。於是大衛成為以色列王後，第一件事就是要將該城攻打下來。

　　但是，該城確實是易守難攻，因此大衛發出獎賞，看誰能攻下該城，就讓這人成為軍隊的統帥，結果約押率領突擊兵進入城內而取得此位（參考歷代志上11:6）。約押的成功，就是因為該城有個引水道，就在「錫安堡壘」的地方，耶布斯人從

來沒有想到會有突擊隊從該水道進入城內。過去敵人來攻城都是從正門，但因為錫安是個高地，耶布斯人不認為有任何外族能夠打下該城。但約押知道只有突擊的方式才能成功，且是採用循水道潛入城內，這再次印証〈箴言〉這裡所說的：「運用機智能奪取勇士的城池，摧毀他所倚靠的堡壘。」

另外一個例子是聖經中膾炙人口的故事，就是大衛打敗歌利亞（哥肋雅）的事件。這時大衛還是個少年人，歌利亞則是一個身軀龐大，由非利士人派出來挑戰猶大人的巨人。當時所有的猶大軍隊面對歌利亞都懼怕到發抖，沒有任何人敢出來跟他應戰。

剛好大衛來兵營探望他的三個哥哥，看見這情景就挺身而出，一點也不害怕，他對巨人歌利亞說：「你來打我用刀、矛、標槍，但我打你是奉上主—萬軍統帥的名；他就是你所藐視的以色列軍隊的上帝。」然後當歌利亞走近大衛，大衛就迅速地跑向非利士人陣前應戰。接著，他伸手從袋子拿出一塊石子，用投石器向歌利亞甩去，石子打中歌利亞的前額，歌利亞就臉朝地倒了下去。

聖經作者說：「一塊石子就把歌利亞打敗了。」非利士人此時看見他們最大的倚靠、巨人英雄歌利亞被一個少年人大衛打死了，嚇到不知所措，都逃跑了（參考撒母耳記下17:41-54）。這件事正好應驗了這裡所說的「運用機智能奪取勇士的城池」，也像〈傳道書〉所說的「智慧勝過武力」（參考傳道書9:16）。

以色列民族歷任君王中，一直到現在，大衛都是以色列人心目中最為懷念的君王。因為他是歷任君王中，難得的一位每

次出兵打仗，都會詢問上帝旨意的國王。這也是箴言作者在這裡所說的：「上主若與你為敵，所有智慧、聰明、策略都與你無益。」接著又說：「人可以招兵買馬，準備打仗，但使人得勝在乎上主。」

　　這兩句話說出一個真理：不論是個人行事，或是國家「準備打仗」而四處「招兵買馬」，若是上帝與之為敵，即使擁有「聰明」的「智慧」、「策略」，也不會有什麼意義，因為會使人得勝的，是上帝，祂是生命的主。這也是聖經作者一再強調的，決定戰爭勝負的是上帝（參考歷代志下25:8）。

　　我想起第二次世界大戰末期，以美國為首的聯軍準備登陸法國諾曼第，當時總指揮官艾森豪將軍一直焦慮地等候氣象官提供給他氣象資料，好決定登陸的時間。當他站在指揮車的旁邊等候時，自言自語地說：「上帝啊，祢是否與我們同在？或是祢站在德國那邊？」艾森豪將軍這句話已經很清楚點出：天氣是上帝在管理，若沒有上帝同在，就算有強大的軍隊和武器，也是枉然。

DAY 65　貧窮人和有錢人的相同之處

〈箴言〉第22章2至9節

貧窮人和有錢人有一處相同，二者都是上主所造……窮苦人被有錢人管轄；負債的人是債主的奴隸。撒播不義種子，後患無窮；嚴厲的懲罰將毀滅他。慷慨把食物分給窮人的，必然蒙福。

〈箴言〉作者在這裡說：「貧窮人和有錢人有一處相同，二者都是上主所造。」這句話已經說出一個很重要的認識：**不論是貧窮人或是富有的人，都一樣為上帝所看重。**也就是說，生命不論貧賤富貴，在上帝面前都是一樣，沒有任何人可以說自己比較特別。

〈箴言〉作者會這樣說，已經說出在創造之初，上帝給所有的人都是一樣的，但是每個人的生活環境有差異，這種差異包括國家、地理環境等等，逐漸出現貧富之間的差異。因此，上帝看重的是生命本身，不是看重經濟財富方面的事物。

我們會看到富人過著豐富的物質生活，貧窮人過著有一餐、沒兩餐的困苦生活。沒有任何人會喜歡貧窮，有的人甚至天天勞苦工作，依舊是貧病交加，痛苦萬分。這是一種生命的現實。我相信，一定不是每個人都想要過奢華的生活，因為物質生活無論多麼富裕，終究不會滿足心靈的空虛。但是我更相信，沒有人願意過著貧窮的生活，人人都會喜歡過著富足的物質生活。

　　〈箴言〉作者並沒有否定「貧富差距」的真實現象，但在這裡強調「二者都是上主所造」，而且，不論是「有錢人」或是「貧窮人」，在上帝創造之下都有一個相同的結果，就是死亡。作者一再對有錢人提出呼籲，重要的不在於擁有多少財富，而是知道運用財富去賙濟、憐恤貧窮人，這樣就會使自己的有錢和上帝的恩典連結在一起（參考14:21a、31b；19:17；22:9）。

　　作者甚至認為，君王若是會維護窮人的權益，他的政權必定會長治久安（參考29:14），因為當貧窮人找不到維持生活的需要時，為了生存下去，必定會鋌而走險，這樣的社會一定會充滿動亂。

　　若是欺負或是嘲笑窮人，就是在羞辱創造生命的主（參考14:31a、17:5a）。要讓一個社會安定下來，必須是有能力的富人，或是一般人，都學會「慷慨把食物分給窮人」，作者說這樣的善行必定會得到上帝的賜福，而不會有缺乏的時候（參考28:27），這也是摩西法律教導以色列人必須遵守的生活規律。

　　摩西法律甚至規定，窮人肚子餓了的時候，可以進入任何人家的果園去摘果實，只要不帶籃子去摘就可以；經過成熟的麥田，可以隨手摘麥穗來吃，只要不拿鐮刀即可。另外也規定，麥田的四角落不可割，那是要留給窮人割的。而掉落地上或忘記割的麥穗，不可撿拾起來或回去割，要留給窮人撿拾或摘下。甚至，當窮人借錢卻沒錢可還，到第七年安息年時，那筆債務就要主動消除等等，這些法律規定都是在教導以色列人一定要關心窮人（參考申命記24:19-22、15:12-15）。

　　也因為這樣，以色列人到現在都盡可能在履行這樣的教導——施捨。但我們也不要忘記耶穌的教導，這種施捨的事，

不是用來炫耀自己的仁慈，而是出自內心對貧困之人的愛，上
帝會知道我們所做的美事（參考馬太福音6:2-4）。

在我們國家經濟發展非常好的今天，或許我們需要對窮困
者有更多的關心，不只是政府的法令，我們人民也需要培養這
種濟助窮人的心思，這樣才能使政府的法令可以落實在貧困者
的身上。

DAY 66 明智人的三十個生活法則

〈箴言〉第22章17至29節

聽吧，我要把明智人的話教導你……不可仗勢佔窮人的便宜……誰危害他們的生命，上主要照樣取那人的生命。不要跟脾氣急躁的人作朋友……不要為別人的債務作保……祖先畫定的舊地界，你不可移動。你見過辦事敏捷的人嗎？……他將侍立在君王面前。

一般都認為〈箴言〉是所羅門寫的經書，但〈箴言〉這本經書中，編者也有蒐集一些古老的諺語，就像我們現在所讀的這段經文，並不是所羅門的作品，而是流行在當時西亞地區的諺語。

因此，從第22章17節開始，直到第24章22節為止，〈箴言〉作者將這些諺語編成「三十則」言論集，有些學者認為這三十則諺語很可能來自埃及或非洲北部地區。因此，可以這樣說，每個地區、每個民族都各有生命經歷所累積起來的智慧，當作教導下一代的教材。

在這三十則箴言中，第一個法則就特別提到關心窮人的重要性，因為窮人本身就是社會的弱勢者。相對地，有錢人、有權者自然地就會成為強勢者。有權勢的人很容易在沒有注意的時候，就會有「佔窮人的便宜」的舉動出現。〈箴言〉作者特別提到，欺負窮人等於羞辱上帝，但若是疼惜窮人就是敬畏上帝，是屬於敬虔的人（參考箴言14:31、17:5）。

　　這裡特別提醒我們，「誰危害他們的生命，上主要照樣取那人的生命」，這句話已經充分說明了所有宗教信仰共有的定律：上天會報應。千萬不要以為不會，要相信一定會報應！

　　這裡提到的第二法則，就是「不要跟脾氣急躁的人作朋友」。原因是這種脾氣急躁的人，思慮常常欠周詳，容易衝動而做出不該做的事來。與這種人來往，很容易受到連累。更不好的是因為來往久了，這種急躁的行為也成為自己的行為模式。

　　第三個法則是提醒我們不要替人作保，這點在〈箴言〉中一再提醒過（參考6:1-5、11:15、20:16）。古代社會和我們今天不太一樣，今天作保的方式，是作擔保的人會簽字蓋章，甚至提供資產作為擔保的條件。古代西亞地帶的人作擔保，是用「握首」、「擊掌」等動作表示「同意」，而且不是私底下，而是公開在眾人面前這樣做，表示這個人替某個人作擔保人，是大家都知道的事。

　　這裡特別提到，保證的內容是和金錢債務有關。這則諺語提醒我們，要先了解自己有多少能力可替人擔保債務，否則很可能因為無法還債，連自己原本可安心睡覺的床鋪都被拿走了，成為流落街頭的人。

　　第四個法則是「祖先劃定的舊地界，你不可移動」。這句話和土地是來自上帝賞賜的觀念有密切關係，也因此，以色列人有個清楚的概念：土地不可以買賣，而這點也列入摩西法律中（參考利未記25:23；申命記19:14）。

　　這段話也含有另外一個意思，就是不要去貪別人的土地。在聖經時代，人是有土地，才有生存的空間，因此侵犯別人的土地，等於欺壓別人。個人如此，族群之間也是，擴大範圍來

看，國家和國家之間的關係也是這樣。侵犯別人的土地，就會引起戰爭，而這絕對不是上帝想看見的行為。

第五個法則談到「辦事敏捷的人」一定會得到好的機會，原因是辦事敏捷，表示反應機靈、動作快，技術純熟，或是說經驗老到。這樣的人，無論在什麼地方、任何時候，都會被重用，這在任何社會都一樣。

我們常聽說「懷才不遇、生不逢時」這樣的說法，〈箴言〉的觀點不是這樣的，而是認為**真正有才華的人，會知道怎樣做正確的選擇，而懂得正確選擇，就是一種智慧**。就像〈箴言〉作者所說的，智慧就是認識上帝，這點才是我們需要建立起來的信仰功課。

DAY 67 與官員或主管一起用餐的禮節

〈箴言〉第23章1至11節

你跟大人物同桌吃飯的時候，要記住他是誰……要聰明些，不要耗盡心力追求財富……不要吃吝嗇人的飯，貪圖他的美食……不要跟愚昧人講道理，因為他不會重視你明智的話。不可移動古時的地界或侵佔孤兒的田地。上主是他們有力的辯護者……

現在講的是第六個法則。這個法則談到和比自己位階高的人一起用餐的禮節，這個法則很可能是古代社會中，王室宮廷用來教導大官家庭子女的教材。因為在宮廷裡，經常會遇到官員宴客的場合，因此，各項禮節會被看成影響升遷與否的重要功課。

這法則一開始就說，和比自己官階高的對象吃飯，就要特別注意他們負責的是什麼職責。這裡說「要記住他是誰」，意思是不僅是名字，也包含了職位、喜好、特質。有了這樣的認識之後，就會知道自己在言談之間應該要注意的事，而這也是一種禮貌。

另一個基本禮貌，就是跟大人物同桌吃飯時，即使眼前佳餚滿桌，也不要只顧著吃，而是要「約束自己」，才不至於醜態畢露，失去該有的禮貌。這裡所謂「約束自己」還有另外一個重要原因，就是這樣的飯局，可能是個「圈套」，類似鴻門宴，因此，不要被桌上的「佳餚美味」所誘惑而「饞涎」，以

免被設計、出賣，或是帶來生命的危險。

　　在中東地區有一句俗語說「真的珍饈會灼傷嘴唇」，意思也是如此。〈詩篇〉第141篇4節就提到「不跟邪惡的人同流合污」，也「不參加他們的筵席」，就有這樣的意思。這種經過設計的飯局，也經常發生在台灣社會，我們經常聽到的「喝花酒」就是個例子，往往有司法人員或是公務機構的官員，陷入「喝花酒」的陷阱中。

　　第七個法則是「不要耗盡心力追求財富」，作者說錢財好像長著翅膀的老鷹一樣，會飛走，且飛得又高又遠，追不回來。這句話很像希臘人的一句名言：「錢財有如海水，越喝越渴。」這也是為什麼這法則會先說「要聰明些」，意思就是要學習當一個有智慧的人。再者，這表示錢財不是永遠的，隨時會有變化。因此，把生命耗在錢財的事上，最後將會一場空。

　　耶穌說過，我們在世上的錢財隨時都有可能保不住（參考馬太福音6:19），就算存放在銀行，也不時會發生被盜領、被騙走，甚至是銀行「理專」監守自盜的事。因此，耶穌鼓勵大家「把財富存在天上」，沒有人會偷走，也永遠不會朽壞（參考馬太福音6:20）。要怎麼存在天上呢？將錢財拿去幫助窮人就對了。

　　第八個法則和第六個法則相同，都是有關參加筵席的事情。這裡說「不要吃吝嗇人的飯」，這「吝嗇」一詞，在希伯來文也有「假冒偽善」之意。這意思很清楚，這種人無論多麼熱情請你吃飯，都不會是真心實意，而是有用意、有目的，不會讓你白吃這頓飯。因此，就算他擺設宴席，最好的方式是不要「貪圖他的美食」，因為這種人請客必定有企圖，就算口中

很客氣地說「請吃，請喝」，也是言不由衷，一定要小心。

第九個法則，是告訴我們「不要跟愚昧人講道理，因為他不會重視你明智的話」，這跟台灣俗語「秀才遇到兵，有理也說不清」是相同的意思。跟一個不講理的人說理，只會增添更多的懊惱，等於浪費生命，很不值得。

第十個法則是「不可移動古時的地界」，這點跟第四個法則所提到的相同。這裡特別指出，也不可「侵佔孤兒的田地」，因為孤兒在任何時代的社會都是屬於弱勢者，欺負弱勢者，和羞辱上帝一樣嚴重，會被上帝懲罰。

讀到這裡就可清楚看見，基督宗教信仰是要信徒站在弱勢者這一邊，不要和強勢者站在一起，這點很重要。因為與強勢者站在一起，我們很可能在不知不覺間也加入欺壓弱勢者的行列，這絕對不是上帝所喜歡的行為。基督宗教信仰是要我們伸手去幫助弱勢者，這點一定要記住。

DAY

68 親子間最好的互動關係

〈箴言〉第23章12至25節

要留心師長的訓誨⋯⋯要認真管教兒童；責打不至於喪命，反而是救他生命⋯⋯不要羨慕罪人，要常存敬畏上主的心⋯⋯你要明智，要謹慎自己的生活。不要結交好酒貪吃的人⋯⋯要聽從生養你的父親⋯⋯真理、智慧、學問、見識都值得你去買，千萬不可賣⋯⋯

第十一個法則勸勉大家要「留心聽師長的訓誨，聽從他的智言」。這裡所說的「師長」，是指「指導者」或是「長輩」，是有豐富生命經驗的老師。舉例來說，原住民部落的「頭目」就是這種師長，因為頭目是整個部落的領導者，也是最有能力和經歷豐富的人，他平時會開班授課，讓部落年輕子弟學會怎樣狩獵、保護部落族群的安全、怎樣在最惡劣的環境下存活下去。〈箴言〉作者說的這個法則，其意在此。

第十二個法則是說一定要「管教兒童」，作者說「責打不至於喪命」，這裡的「責打」一詞，在希伯來文原本是表示「說服」，意思是合理地分析事情，即使是對待稚齡的孩子，也要用充分且清楚的理由說明白，這樣孩子就會學習怎樣分析事情。我們有時候會認為孩子不懂事，其實不然，他們不懂是因為父母（或大人）沒有教導他們怎樣明辨事物，若有教導，他們一定會明白。

以色列人就有一句俗語說「孩子的耳朵在臀部」，意思是

不聽話的孩子，就需要「打臀部」，正如同這裡所說的，這樣的「責打不至於喪命，反而是救他生命」。這裡的「打」，意思是拍一拍，這樣他就知道要注意了。

第十三個法則，是繼續談論父母與子女的關係。在父母「認真管教兒童」之後，被管教的子女有「智慧」時，會讓父母「引以為榮」、「多麼高興」。原因是智慧代表著認識上帝，而上帝是賞賜給人生命力的主，有了生命力，就不用讓父母擔心。兒女有了智慧，表示他們說話條理清楚，為人正直，這樣的年輕人越多，社會就會越健康、越有活力。

第十四個法則是「常存敬畏上帝的心」，這樣的人就會看見生命的亮光永遠在前面引導著。作者先說「不要羨慕罪人」，因為「罪人」是指離棄上帝的人，這樣的人只會惹起上帝的忿怒而已，一點好處都沒有。而這裡的「羨慕」一詞也可當作「嫉妒」解釋。作者的意思是不論罪人多有成就，都不要因此而心懷不平，因為公義的上帝一定會審判。

第十五個法則提醒年輕人要注意社會生活的規律，特別是在結交朋友的事上更需要小心。作者說年輕人「要明智，要謹慎自己的生活」，這裡的「明智」表示有智慧，也是敬畏上帝之意。這樣的人一定會「謹慎自己的生活」，就不至於受到誘惑而離棄正道。

他們也會知道「不要結交好酒貪吃的人」，這裡說的「好酒」表示經常酗酒，會酗酒就是一種「不智」的表現，是愚蠢者才會有的行為；而「貪吃」表示不知節制。可以這樣了解：「好酒貪吃的人」是指懶惰、不想工作，終日無所事事，只會「整天睡覺」，這種人只會敗壞家業，和這種人作朋友，也只會

被拖累。

　　第十六個法則接著談論子女和父母之間生命互動的關係。這裡說：「要聽從生養你的父親；沒有他，就沒有你。」這話有一個基本前提：父親是個正直的人，而不是愚蠢、作惡的人。有智慧的孩子，會讓父母感到欣慰，而父母要記住，教導孩子努力學習「真理、智慧、學問、見識」，這些都值得我們用可數的錢財去換取、去買，但絕對不可以賣，因為這些都是代表生命的要素。若換取得到，會使生命更加充實、越來越豐富，是無價之寶。

　　我們社會最常見的，就是有錢的人喜歡買豪宅、跑車，穿著名牌衣裳，吃高檔餐廳，卻甚少人會想到用可數的錢買無價的智慧、真理。就像我再三說過的，智慧就是認識上帝，這就是信仰功課。而真理，是指生命真正的要素。**有真理的人，才會感受到生命是自由的，不受外力所約束。**美國德克薩斯州的奧司汀大學行政大樓的牆上寫著耶穌所說的話：「你們會認識真理，真理會使你自由。」（約翰福音8:32）就是這個意思。

69　適量喝酒，
是品味與修養的表現

〈箴言〉第23章27至35節

妓女是深坑，敗德的女人是陷阱……誰酗酒，誰遍嘗各色的美酒，
誰就過悲慘的生活，為自己哀歎，常常有紛爭，不斷地埋怨。他的
眼睛赤紅，無故遍體傷痕……你眼中出現怪異的景象；你失掉了思
想和說話的能力……你好像漂蕩在海洋中，躺臥在桅桿頂上。

　　這一章接著講第十七個法則，談到放蕩女人對人的誘惑
力。作者說女人的誘惑力像強盜一般的厲害，若是沒有堅強的
毅力，很容易掉落她的陷阱中。所以作者說要學習智慧，因為
有智慧的人會時常想到上帝的教導，這樣才有能力抵抗女色的
誘惑。

　　作者用「陷阱」、「強盜埋伏」等形容詞來描寫女色的誘
惑，往往使人一個不小心就掉落這些陷阱中，即使沒有死去，
也會損失慘重；作者用「背信棄義」來形容，意思是人格受到
嚴重創傷，讓一個人喪失了倫理道德的規範。有一種叫做「仙
人跳」的陷阱，就是利用女色來勒索財物，這是人和人之間，
或是商業利益之間的一種勒索行為。但在國家與國家之間，所
謂的「間諜戰」也常利用女色來獲取情報。這樣的案例不少，
如今使用的手法更加細膩，我們也需要更加小心。

　　作者接著談到喝酒的問題，這是第十八個法則。喝酒，這
幾乎就是一種生活文化，在全世界各地都有喝酒的生活文化。

聖經雖然沒有反對喝酒，卻有記載幾則因為喝酒出了問題的故事。其實，因為喝酒過度而造成傷害的事一點也不新鮮，特別是喝酒開車釀成的車禍更多。這點不僅是在台灣，在世界各國都一樣，因此，喝酒開車在歐、美、日等國家的懲罰都非常重，但在台灣卻非常輕。

〈箴言〉作者曾在第十五個法則說過「不要結交好酒貪吃的人」，作者說這種人一定會窮困，跟這種人在一起也一定會受連累。我們應該聽過一個形容喝酒方式或是習慣的名詞，就是「酒品」。會酗酒的人，表示酒品不好。會一再勸人喝酒，且要「乾杯」的，也不是好酒品。酒品更不好的，就是已經喝了酒，且是喝了烈酒，卻還堅持要開車，這是酒品最差的人。

〈箴言〉作者在這裡談到「酗酒」的結果，只會使人過著「悲慘的生活」，到最後一定會變得潦倒，頻頻「哀嘆」生命的苦難。最常從酗酒的人身上聽到的，就是「不斷地埋怨」，其它的可說是一事無成。

作者也提到一個人酗酒之後，很快就會「眼睛赤紅」，這是酗酒之後必然會出現的現象，也是一種警訊。但更嚴重的，是酗酒之後往往無法控制自己，稍微不小心就會與別人起紛爭，結果不僅是自己受傷，也很容易傷了無辜的人，等酒醒之後才來懊惱，都來不及了。這也是我們社會常常發生因為喝酒過量引起械鬥的慘劇之因。

作者在這裡描述了喝酒過度的人可能出現的幾種情形：

一是眼中會出現「怪異的景象」，使人「失掉了思想和說話的能力」，意思是會語無倫次。「怪異的現象」也可當作腦中所想的都是淫亂景色，這也是為什麼喝酒過度的人容易衝動。

二是會有幻想出現，讓人失去方向感，「好像飄盪在海洋中」，正如水手「躺臥在桅桿頂上」，隨時會掉落下來一樣的危險。三是會喪記憶，不知道自己是被人打，或是自己打了人，都分不清楚也記不起來，整個腦袋悶悶的只想要睡覺，或是想要「再來一杯」爛醉下去。結果就是失去所有的一切，這是離酒精中毒不遠了。

其實，我們經常聽到有女子因為喝酒過度，倒在超商門口的騎樓角落，自己不醒人事，或是從夜店出來，被人「撿屍」帶去賓館而失身，此時才來後悔都太慢了。我在監獄服務的時候，遇到一位計程車司機，因為喝酒過度，半夜回到家，竟然強暴了自己的女兒，結果被移送法辦，入監獄服刑。當時，他被警察帶走、押在警察局，直到天亮才醒過來，醒來時還問警察自己怎會在警察局。這就是這裡所說的，發生什麼事都記不起來。

要怎樣才是適量的喝酒？這是一種品味，也是一種修養。修養會使人有好的控制力。再者，不要喝烈酒，那對人的身體並不是一件好事。

DAY

70　美好家庭的根基是智慧和諒解

> 〈箴言〉第24章1至12節
>
> 不要羨慕作惡的人……家庭建立在智慧和諒解的基礎上……明智勝過強壯；知識比力氣重要……明智的話非愚蠢人所能領會……為非作歹的人要被視為陰謀家。在患難的日子膽怯，就真是弱者……對無故被拉去處死的人，你要伸手援助，不可躊躇……

　　智言的第十九個法則提醒我們「不要羨慕作惡的人，也不要跟他們來往」，原因很簡單，因為邪惡人沒有前途、沒有盼望，與這種人來往，只會被連累，導致自己陷入沒有前途的結局。還有另外一個原因，就是跟邪惡人來往，最後很可能自己也學會了他們的壞榜樣而改不過來，就像和脾氣急躁的人作朋友一樣危險（參考22:25b）。

　　這裡也提到作惡的人有一種特性，就是「專想做壞事，一開口就傷人」，他們的思維就是只會到處撒謊，時刻都想「圖謀惡事，到處製造爭端」。我們或許會認為，世上怎麼會有這樣的人？其實，這一點也不新鮮，只要看看黑道組織和詐騙集團就知道了，他們心中所想的，就是怎樣欺壓比他們弱勢的人，要不就是怎樣欺騙人，且欺騙的方式還一再換新，讓大家防不勝防。

　　第二十則的智言非常重要，就是「家庭是建立在智慧和諒解的基礎上」，智者會這樣說，是因為「智慧」代表著認識上帝、敬畏上帝。要注意的是這裡說「諒解」，是在表示充分的

愛和寬恕，而這需要相當的智慧去調解和運用，這也說明了一個事實：每一個家庭都會發生一些不愉快的事，就好像有人說「牙齒和舌頭緊密貼在一起，總是有咬傷的時候」。因此，一個家庭的和諧，需要時間和耐心的愛，去調解那些不愉快的事，才有辦法建立起來。

再者，這則智言提到「有知識的家庭，屋中必充滿貴重的寶物」。這句話清楚地說出價值觀念的準則，「知識」代表上帝賞賜的智慧，表示這個家庭和上帝的關係緊密。有上帝同在，勝過世上所有的「貴重的寶物」，祂會賞賜財寶充滿這個人的家庭（參考8:21）。

接下來是第廿一則，談到和國家興衰有密切關係的事，智者說「明智勝過強壯，知識比力氣重要」，這兩句話跟我們常聽到的「有勇無謀，必然失敗」意思很接近。智者又說「作戰必須先有策略；參謀多，必操勝券」，告訴我們要有計畫，這樣的仗才有致勝的可能。但〈箴言〉作者也提醒我們必須注意一件事，特別是對於君王和掌權者，不論是多周密的策劃，若是動機不良，就不會有上帝的賜福，其結果必定付出更大的代價。

第廿二則提到我們很多人共有的經驗，一個人是否有智慧，從開會的發言就可看出來。愚蠢的人開會時往往會講許多不著邊際的話，還沾沾自喜，以為自己講了很多意見，但只要是有常識的人，一聽就知道那是「亂講」。這種發言一點營養都沒有，講多了也只會被別人看穿自己的沒見識，就像第15章2節所說的：「明智人開口引發智慧；愚昧人發言都是廢話。」

第廿三則智言提到作惡的人因為詭計多端，因此常被稱為「陰謀家」，這種稱呼並不是讚美，而是一種諷刺或貶低，用來

形容心懷不軌的人，這種人總是想要佔他人的便宜，只會圖利自己，也是〈箴言〉作者所說的「腐敗的心腸時時圖謀惡事」，這種人也是上帝要責罰的對象（參考12:2b）。

再來這句「愚昧人的計謀就是罪惡」，這裡的「計謀」一詞，在希伯來文中含有「淫蕩、凌辱」之意。換句話說，愚昧人心中所想的，不會是正當的事，盡是敗壞的行為。而會「侮慢」別人的，也一樣被會人「侮慢」。這「侮慢」一詞是指用驕傲的態度羞辱「別人」，〈箴言〉作者說這種人最容易引起糾紛（參考22:10），也因此很容易「為人憎恨」。

第廿四則智言最簡單，只有一句話說：「在患難的日子膽怯，就真是弱者。」

所謂「患難的日子」，是指生命面臨威脅，或是遭遇莫名苦難的時刻。這時候若是「膽怯」，就無法面對、進而擺脫這個困境，作者說這是一種「弱者」的表現。其實這種「患難的日子」任何時候都可能在我們身上發生，這時越是膽怯，越會讓敵人有機可乘，然後被擊垮。

智言的第廿五則是說，如果有遇到「無故被拉去處死的人」，要伸手援助，不可躊躇。這裡指的是被冤枉的人，也可以指社會中那些孤苦無助者。你知道了，就不可以「事不干己」，因為這等於見死不救，是一種罪惡。若是自己可以出手救助，卻視而不見、聽而不聞，這絕對不是上帝所允許的行為，和放縱罪惡猖獗一樣可惡（參考17:15），上帝一定會照著放縱者的「行為」作為「賞罰」的依據。

我們的社會要安定，就需要更多人「見義勇為」，只有這樣才能防止獨裁者、黑道惡勢力等殘害生命者的囂張猖獗。

DAY 71 「不可以做」的 三條法則

〈箴言〉第24章13至22節

年輕人哪，要吃蜂蜜，那是好的……不可圖謀劫奪義人……看見敵人遭殃不要高興；仇敵跌倒不要歡喜……不要因作惡的人得意而心懷不平；不要羨慕他們……年輕人哪，要敬畏上主，尊敬君王。不要跟叛逆的人一夥；這種人轉眼滅亡。

第廿六則諺語是說「要吃蜂蜜，那是好的」，這是一種比喻性的說法，主要在強調**智慧的美和價值**，有如蜂蜜的甘甜和效果。我們知道黃金、蜂蜜這兩樣東西自古以來都是最珍貴的物品，前者象徵著財富、地位，後者是滋補身體最好的食品，這已經清楚說明了智慧的珍貴。

智者也在這裡強調，人若能得到「智慧和知識」這兩樣，人的「心靈」就如同得到「蜂蜜」一樣「甘甜」，甚至會讓人的「前途」看見「光明」，使「希望不致破滅」。這清楚表明了智慧對我們生命的重要性是無法替代的。相對來說，若是失去了智慧，就是前途黯淡，看不見希望。

智者接下來談到幾則「不」的法則，第廿七則智言是「不」的第一法則：「不可圖謀劫奪義人；不要毀壞他的家，因為那是邪惡的事。」智者會這樣說，是因為「義人」是和上帝關係緊密的人，若有人這樣欺負義人，一定會惹起上帝的忿怒而遭到更嚴重的懲罰。智者也說「義人屢次跌倒，總會再站起來」，

但「邪惡的人」卻要因為所行的惡事招來上帝懲罰的「災禍要毀滅」他。

和上帝關係緊密的義人，並不是都不會發生問題，而是在遇到困境、甚至是失敗時，會因為有上帝的同在和上帝賞賜的智慧，使義人有力量從跌倒、失敗的地方再次站起來。

智言者所說的第廿八則箴言，也是第二個「不」的法則：「看見敵人遭殃不要高興；仇敵跌倒不要歡喜。」換句話說，就是不要有幸災樂禍的心態，這不是上帝所喜歡的行為（參考箴言17:5）。早在摩西的法律上就有這樣的教導說：「如果你遇見仇敵的牛或驢迷了路；要牽去交給他。如果仇敵的驢負重跌倒，要幫他把驢拉起來，不可走開。」（參考出埃及記23:4-5）〈箴言〉也有教導，要用更多的愛在敵人身上，只有這樣，才能讓敵人感到羞愧，而不會再起報復的心。

若是心存幸災樂禍的態度，也許上帝會因我們這種不好的態度，而認為敵人該受的羞辱已經足夠，就決定「不懲罰你的敵人」，更嚴重的是會將這懲罰轉向嘲笑仇敵的人，這點從以東人（厄東人）用幸災樂禍的態度嘲笑以色列人民，結果引起上帝極大忿怒（參考俄巴底亞書／亞北底亞第12節，以西結書／厄則克耳35:14-15）就可看出來。因此正確的做法，是看見敵人有災難，當引以為鑑，不要重蹈仇敵的覆轍。

第廿九則智言是第三則「不」的法則。前面提到不要因為敵人（也指「作惡的人」）遇到災難，就幸災樂禍。同樣地，也不必因為「作惡的人得意而心懷不平」，因為上帝才是真正的審判者。這裡再次強調「不要羨慕」作惡的人，原因是這種人「沒有前途，沒有盼望」，聖經的教導很清楚，上帝不會賜

福給作惡的人。

我們的世界就是這樣子，當作惡的人在猖獗的時候，也是整個世界動盪不安的時刻。基督徒的責任就是要阻止作惡的人欺壓困苦、貧窮、弱勢的人，要出來阻止殺害無辜者的行為，這才是正確的態度，而不是去羨慕，或是「心懷不平」。

智者所說的最後一則，也是第三十則智言：「要敬畏上主，尊敬君王。」會將這兩者連結在一起，是因為聖經時代有個觀念，認為君王是上帝所揀選、任命的，具有代表上帝之意，基本上君王應該是個會遵照上帝旨意行事，照顧上帝子民的好君王（參考羅馬書13:1；箴言20:8、20:26；彼得前書2:13）。因此，以色列文化中也常將君王比喻為「牧者」，要好好照顧上帝子民，也就是「羊群」。

接著智者說「不要跟叛逆的人一夥；這種人轉眼滅亡」。所謂「叛逆的人」，是指為非作歹、造成社會動盪不安的人。作者要強調一點：一個認識上帝的人，很清楚上帝會審判每個人，這也是聖經教導所說的，我們每個人都要赤裸裸地面對上帝的審判（參考希伯來書4:13）。

我們身邊有天使在記錄著我們每個時刻的言行舉止，當我們去疼愛那些軟弱、需要扶持的人時，天使就會將之記錄在生命冊中，即使是微小的一碗飯、一杯水、一件衣服等，都會記錄下來，然後這本生命冊就成為上帝審判的依據。這是這位智者最後給我們的智言。

DAY 72 「偏見」是蒙蔽自己的毒藥

〈箴言〉第24章23至27節

智者又說了下面的話：當法官的，不可有偏見。如果他判有罪的人無罪，要受天下人詛咒，憎恨。懲罰罪犯的法官自然亨通，得享美譽。誠實的應答表示真摯的友誼。要先有謀生的把握，又預備好田地，然後再建造房屋，成家立業。

　　智者說完前面三十個法則之後，又說了其他的一些「智言」。這位智者開頭就說「當法官的，不可有偏見」，這句話在今天的台灣還是很適用。這就是聖經之所以為聖經之因——沒有因為時代變遷而讓聖經所講的話被淘汰或消失，相反地，還是讓我們感覺很實在，就好像發生在我們的時代一樣。

　　智者提出警語說：「如果法官判有罪的人無罪，要受天下人詛咒，憎恨。」相對地，若是法官確實「懲罰罪犯」，自然就會「亨通，得享美譽」。這不僅是在台灣，在全世界都相同。公正審判的法官會被人民信任，當法官被人民信任後，社會的糾紛很自然地就會降低、減少。這種法官不僅會得到祝福，也必定會有上帝的賜福（參考申命記16:20）。

　　想想看，什麼樣的法官會有這裡所說的「偏見」？這種偏見往往跟自身的價值觀有密切關係，例如，對於有權勢的人，有的法官會很認真審理，但這樣的話，對權勢者欺壓弱勢者就可能判得輕忽。其他的偏見會產生，也跟法官的主觀意識有

關，例如法官對性別的看法、對感情的看法，特別是夫妻吵著要離婚時，這種偏見往往更加明顯。

摩西法律很清楚規定，當司法官的「不可附和多數作惡，或歪曲正義；也不可在訴訟上偏袒窮人」（參考出埃及記23:2、23:8）。〈箴言〉作者也提到法官不可以「心存偏私」的念頭（參考箴言28:21），因為上帝憎恨不公平的法碼，這點是〈箴言〉作者一再提醒的事。

因此，智者說如果法官「判有罪的人無罪，要受天下人詛咒、憎恨」，這隱含著兩種意義：**一是法官接受賄賂**，這就會像摩西法律所說的，這樣的法官是瞎了眼。**二是強勢者對弱勢者的欺負**，這種情形最常發生在獨裁統治者身上，因為他影響到司法的獨立。但這種情形不會持久，當政治局勢改變之後，以前做出這種錯誤判決的法官，會變成人人詛咒、憎恨的對象。

除了關於法官的事，智者也在這裡說「誠實的應答表示真摯的友誼」，這裡「誠實的應答」是指在法庭上說誠實的話、作見證，這樣的人等於在救人的生命（參考箴言14:25a），自然會得到無辜者、弱勢者「真摯的友誼」。這也是智者所說的「不可無故作證陷害鄰舍；不可曲解案情」，這很清楚說出，要有公正的司法判決，司法官和上法庭作證的人都有責任，都不可以存著「報復」的心思意念，這也是前面智者所說的，不可以有幸災樂禍的心態，而是要保持誠實的心境。

智者也在這裡說，一個人「要先有謀生的把握」。這意思很清楚，是指一個人要有一技之長，才不至於使自己的生活陷入困境，然後才能準備「建造房屋，成家立業」。不過「建造房屋」是古時候的看法，現在購屋成為人們生活中極大的負

擔，因此，租屋就成為一種普遍現象。

〈箴言〉作者一再提醒我們要注意一件事：懶惰，是對生命最大的威脅。換句話說，會傷害人性命的，往往不是來自仇敵，而是人自己，這仇敵就是懶惰。因此，〈箴言〉作者說了許多懶惰會帶來的結果（參考6:6-11、10:4-5、20:4、26:13-16）。最好的例子，就是去看看螞蟻怎樣勤勞工作，人應該向螞蟻學習。在這裡，智者提醒懶惰的結果，就像遇到「帶著武器的匪類來襲擊」一樣，在措手不及中，貧窮已臨到己身。

這說出了一個真理：勤勞，就是謀生的最好方式，也是朝向預備好田地的途徑，這樣一來，即使在最惡劣的環境下，也不至於出現飢餓威脅到生命的情況。相對地，就是懶惰，就算在最富裕的環境中，也會很快讓自己陷入貧窮，而失去生命的活力。

DAY 73　領導者和主管都需要學習的智慧

〈箴言〉第25章1至5節

以下所記的話也是所羅門的箴言，是猶大王希西家宮廷的人抄錄的。上帝的榮耀在於隱藏奧祕；君王的光榮在於辨明是非。君王的心無從了解……先除去銀子的渣滓，銀匠才能鑄造精緻的器皿。先清除君王左右的小人，政權才能建立在正義的基礎上。

　　〈箴言〉第一部分是從第1章到第9章，第二部分則是第10章到第22章16節，第三部分是從第22章17節至第24章22節，然後加上一段第23至34節的附錄。從第25章到第29章，是箴言第四部分。

　　在第四部分的開頭，編輯者說「也是所羅門的箴言，是猶大王希西家宮廷的人抄錄的」，這表示在所羅門王於主前930年去世後，直到希西家王執政時代（主前716至687年）的這段時間，長達220年以上，所羅門王的智慧一直是南國猶大宮廷中甚為活躍的文學活動。若是這種觀點可被接受，那這段箴言很可能就是王室用來教導成員與朝臣的教材。

　　所羅門會被稱為有智慧的王，原因之前已經講過了。在上帝賜福下，所羅門真的非常有智慧，他的智慧簡直是包羅萬象，上至天文，下至地理，不論是花草樹木，或是飛禽走獸等，他都懂。〈列王紀上〉第10章記載，有一位遠在非洲的示巴女王，千里迢迢地來到耶路撒冷晉見所羅門王，就是為了要

證實她所聽到的傳言是否真實，她還特地準備了許多問題來考驗所羅門王，結果證實所羅門王的智慧遠勝過她所聽到的，因此她感佩萬分，致贈所羅門王重達四千公斤的黃金，另外還有許多的香料和珠寶等貴重禮物。

可能因為這樣，整個中東地區都一直盛傳著所羅門王的智慧。任何統治者想要把國家治理得井然有序，且強盛到不怕任何外敵的侵犯，就需要學習所羅門王所講的智慧之語。因此，猶大王希西家才會命令宮廷的人抄錄這些智慧之語，當作王室成員和朝臣學習的課本。

這裡開始就說「上帝的榮耀在於隱藏奧秘」，每當聖經提到上帝的「榮耀」時，表示上帝拯救的恩典。但上帝拯救的計畫，並不是世人所能了解或是猜測的，要有上帝特別的啟示才能獲知（參考申命記29:29；以賽亞書45:15）。因此，智者說這是「隱藏」的「奧秘」，其因在此。

接下來說「君王的光榮在於辨明是非」，這很清楚說明了一個君王若是沒有「辨明是非」的能力，這個君王就不會是好的君王，只會被人民鄙視。但若是一個君王有「辨明是非」的能力，就會獲得人民的讚賞和支持、擁護。要有「辨明是非」的能力，就需要智慧，就像〈箴言〉第16章13節所說的，一個好的君王是會聽正直的話，會喜歡說誠實話的人。但要怎樣知道哪位臣僕說誠實話？這就需要智慧來替他辨明。

這裡又說「君王的心無從了解」，這說出了一個有智慧的君王，不會隨便表示意見，因為他需要更多的建言，若是他太早發表看法，臣僕往往會為了討他喜悅而盡說諂媚的話。越是內斂、沉穩的君王，在臣僕和人民的眼中，他的「思想像天空

一般高，海洋一般深，無法探測」，也因為這樣，臣僕在君王面前會顯得更小心翼翼，在發言之前，必定會先做好功課。如此，宮廷就不會亂了章法。

然後更進一步說到一個比喻，就是銀子要先將雜質去除，這樣銀匠才能鑄造出好的銀器。作者用這種比喻來說明，一個好的君王一定要知道先清除身邊的小人，這所謂的「小人」就是只會說諂媚的話迷惑君王的人，他們對於國政、人民福祉一點益處也沒有。若能先清除掉身邊的小人，君王的「政權才能建立在正義的基礎上」，這樣國家也才能穩定下來。

這樣的智慧不但可用在政治領域中，也可以用在商場、職場中。身為領導階層或是帶人的主管，都需要學習這樣的智慧。

DAY 74　與左鄰右舍 和諧相處的秘訣

〈箴言〉第 25 章 8 至 11 節
—

不可貿然出庭作證；倘若有其他證人指證你的錯誤，你怎麼辦呢？你跟鄰舍有什麼糾紛，就得私下和解。不可洩露別人的祕密；否則，你將被視為不能守祕密的人，且無法擺脫這種羞辱。一句話表達得合宜，就像金蘋果放在銀盤中。

　　我們都聽過一句台灣俗語說：「遠親不如近鄰。」這意思很清楚，好的鄰居遠比距離很遠的親戚更重要。即使今天交通這樣發達，這一點也不會改變。特別是今天的市區，大家住在大樓內，若是左右鄰居可以彼此和睦相處，就不需要將年老又孤獨的長輩送去安養院，大家可以彼此相互照顧。這種照顧也可以包括「共餐」。

　　但我們從新聞媒體中看到，很多人的想法不是這樣。同一棟公寓大樓，有人經常製造噪音，干擾鄰居生活的安寧，有的是製造垃圾，造成生活環境的髒亂。也因為這樣，常有鄰居彼此爭吵，甚至告到法院去。而這一章〈箴言〉所談的，就是和鄰里之間的相處智慧。

　　〈箴言〉作者一開始說：「不可貿然出庭作證；倘若有其他證人指證你的錯誤，你怎麼辦呢？」這表示我們與左鄰右舍要和諧相處有一個要點，就是這段話所說的。人最大的問題，就是認為自己所持有的理由都是最有力的，其實，人總有出錯

的時候，百密也會有一疏，而這時若有其他「證人」出來「指證」，才發現自己有「錯誤」，已經來不及補救了。

那麼，碰到和鄰舍有糾紛，或是發現鄰里的人有錯誤時，要怎麼辦呢？耶穌曾經教導說，若要指證一個兄弟的錯誤，最好不是在公眾面前，而是私底下，這樣，若對方真的有錯，也可以保住面子。萬一他拒絕接受勸勉，就要帶著證人一起過去，這樣就不怕自己的話被對方故意扭曲，而又沒有作證的人了（參考馬太福音18:15-17）。

「鄰舍」是和我們生命息息相關的力量，因為遠親總是不如近鄰。因此，最好是沒有「糾紛」，即使是發生了，也要設法「私下和解」，不要為了一些小事就和鄰居搞到上法院，這是保住雙方和諧相處的最好方式。〈箴言〉作者在這裡的建議，就是同樣的意思。

〈箴言〉作者接著說「不可洩漏別人的秘密」，這裡的「秘密」，表示有不能讓公眾知道的事。若是洩漏別人的秘密，有如出賣鄰舍，這是最容易造成紛爭的起因。再者，會洩漏別人秘密的人，也表示他是個不可靠的人，這樣的人，並不會因為洩漏了鄰舍的秘密而獲得別人的尊崇，反而使自己更被孤立。原因是大家會認為洩密的人是個「不能守秘密的人」，而且只要有過一次，以後若再次發生了洩密的事情，大家就會認為就是這個人洩的密，將會使自己永遠「無法擺脫這種差辱」。

接下來是一句大家甚為耳熟的句子，也是所謂「箴言中的箴言」，就是「一句話表達得合宜，就像金蘋果放在銀盤中」。「金蘋果」應該是指其顏色鮮明、耀眼，「銀盤子」則是當時最被看為貴重的器皿，表示手工打造得非常高雅、精緻，也可能

是指鑲有珠寶的盤子。將「金蘋果」和「銀盤子」連結在一起，表示這兩樣事物非常相稱，是美好、完美無缺之意。

　　在〈箴言〉第8章19節，作者說上帝賞賜的智慧「勝過精金，勝過最純淨的銀子」，這就如同詩人所讚譽的，說上帝的話「比金子可貴，勝過最精純的金子」，也「勝過最純淨的蜂蜜」，且是比蜂蜜還要「甘甜」（參考詩篇19:10）。這些都再三教導我們智慧的價值與重要性。想要說話、表達合宜，就從學習這種智慧開始。

DAY

75 帶來和好與友誼的智慧

〈箴言〉第25章12至16節

經驗豐富的人所提出的警告……比金耳環和純金製成的飾物更有價值。可靠的使者使差他的人心神爽快，正像收割時炎陽下的涼水一樣……耐心的勸導能擊破堅強的抗拒，甚至能說服當權的人。別吃過量的蜂蜜，多吃會使你嘔吐。

　　〈箴言〉在這裡說：「經驗豐富的人所提出的警告，對願意領受的人來說，比金耳環和純金製成的飾物更有價值。」這「經驗豐富」一詞，是表示生命的體驗比一般人還要多，也表示這個人擁有勝過常人的生命經歷。因此，這種人所提出的警告，就是很貴重的生命禮物，也就是說，豐富的生命經驗所帶來的智慧，遠勝過世間看為貴重的純金製品。

　　也因為這樣，一個有智慧的人，不會掀起衝突，而是帶來和平、和好、友誼。將這種觀念套用在國和國之間的外交使節，就是很好的例證。〈箴言〉作者說：「可靠的使者使差他的人心神爽快，正像收割時炎陽下的涼水一樣。」這裡所說的「可靠的使者」，可以用在一般家庭、職場，也可以擴大成國和國之間的外交。

　　忠實可靠的使者，會盡心盡力地完成主人所託付的使命，當他完成工作，主人的感受是「心神爽快，正像收割時炎陽下的涼水一樣」，表示忠實可靠的使者，帶回來的消息是美好

的，因為他達成了被託付的使命。

　　相對看來，如果是愚蠢、不可靠的使者，就會變成反效果，就像收割時下雨、夏天時下雪一般（參考26:1），因為這種愚蠢的使者跟懶惰人一樣，找他們來辦事，只會增加自己的麻煩跟痛苦而已。而愚蠢的使節最常見的就是「空口答允贈送禮物」，以為只要用這種方式就可以騙過對方，但這如同讓人看見「有風有雲」，卻等不到下雨一樣，結果是使主人失信於對方，往後想要和好就更加困難。

　　前面有提過，現在所讀的這些經文之背景，和宮廷教育有關，而宮廷的人都是有來頭的，很難改掉壞習性。所羅門的兒子羅波安（勒哈貝罕）就是個典型例子，他因為成長在王宮，和一群達官顯要的同儕一起長大，對民間疾苦沒有感覺。當他繼承父親王位，以色列北部支族的代表要他考慮降低稅率時，他聽不進經驗豐富的老臣的建議，卻聽從沒有豐富生命經歷的年輕同儕建議，不但不降低稅金，反而語帶恐嚇地說要加重稅金，結果北部支族就宣布獨立，國家因此瓦解。

　　因此，雖然〈箴言〉這裡說「耐心的勸導能擊破堅強的抗拒，甚至能說服當權的人」，有時實際執行起來並不容易。就像第二次世界大戰時，英國首相邱吉爾一再勸美國協助，但是美國就是不要，堅持保持中立，直到日本偷襲了珍珠港，才迫使美國參戰。所以歷史學家常說，日本幫助了英國和法國，打敗了德國。

　　〈箴言〉作者在這裡再次提到吃「蜂蜜」的事，不過和前面講的有點不同，這裡提醒我們，蜂蜜原本是好的，但若是「吃過量」，不但沒有幫助，反而會使人「嘔吐」，有損身體的健

康。這句話是用來形容適可而止的重要性，也是在反應第15節，就算用「耐心」勸導當權者，也需要適可而止，以免激怒了掌權者。同樣地，造訪鄰舍也需要適可而止，否則鄰舍會覺得被打擾，最後反而引起怨恨，就失去了此舉的意義。

DAY 76　檢驗「真朋友」的方法

〈箴言〉第25章19至22節

患難時倚靠不可靠的人，正像用壞牙咀嚼，用跛腿行走。對傷心的人唱歌，就如在冷天脫掉他的衣服，在他的傷口上擦鹽。你的仇敵餓了，就給他吃，渴了，就給他喝。你這樣做，會使他臉紅耳赤，羞慚交加，上主也要報答你。

誰是真實的朋友？我們應該聽過一句俗語：「患難見真情。」這句話很清楚說明什麼是好朋友。真正的友誼，就是當一個人陷入困境時，看自認朋友的人當中有誰出手救助，就可以檢驗出來。

〈箴言〉作者在這裡說了相反面的話：「患難時倚靠不可靠的人⋯⋯」這裡的「不可靠」一詞，也有「奸詐」、「欺騙」之意，這種人是不可靠的對象。所以才說去信靠這種人，等於「用壞牙齒咀嚼，用跛腿行走」，表示沒有任何幫助，只會傷害更大而已。

〈箴言〉裡常提醒我們，不要找不適當的人幫自己做事，除了這裡提到的「不可靠的人」之外，「懶惰人」也是智者不建議我們找來做事或幫忙的對象之一。因為懶惰人就是愚蠢人，請這種人做事，成事不足，敗事有餘。〈箴言〉作者用了當時西亞地帶的俗語，形容懶惰人就像「牙縫裡的醋和眼裡的煙」（10:26）一樣，前者會使堅硬的牙齒變得鬆軟，因而無法

進食；後者則會燻得人無法張開眼睛看清楚前面的方向，因而無法對事理有所瞭解。這都在表示聘用這種人來做事，只會增加聘用者的煩躁，一點幫助也沒有。

既然講到「患難」，就表示是遇到災害，也會使人傷心。我們千萬不要看見有人傷心了，還當著他們的面「唱歌」，這種行為表示失去了憐憫心，可說是很惡毒的行為。〈箴言〉作者說這種態度有如「在冷天脫掉他的衣服，在他的傷口上擦鹽」一樣，不但沒有安慰到對方的痛苦，而是加重苦難，也就是我們常說的「第二次傷害」。

前面提過流行在西亞地帶的諺語，就是當我們的「仇敵餓了的時候，給他吃，渴了，要給他喝，這樣做，會使他面紅耳赤，羞慚交加」，作者在這裡引用這句話後，加上了後面這句「上主也要報答你」。這種看法跟我們通常認知的「以牙還牙、以眼還眼」的態度迥然不同。

耶穌的教導中，就很強調要「愛你們的仇敵，並且為迫害你們的人禱告」，這樣才能成為上帝的兒女（參考馬太福音5:44-45），而「幸災樂禍」絕不是上帝所喜歡的行為。這就像〈箴言〉第17章5節所說的：「幸災樂禍難免要受懲罰。」摩西法律甚至規定，當你的仇敵的牛羊或驢迷了路，要幫他牽回去，如果是驢因為背負太重跌倒，也要幫忙把驢拉起來（參考出埃及記23:4-5），而不是在旁邊看好戲，袖手不幫忙。

不論對象是誰，「幸災樂禍」的態度都是上帝所不喜歡的。因為生命是來自上帝的賞賜，只要是上帝賞賜的生命，都是美好的。在仇敵遇到災害時，我們若是用更多的愛去修補、重建，而不是袖手旁觀，上帝也一定會同樣地回報我們。

DAY 77 面對「愚蠢人」的四個對策

在〈箴言〉作者的筆下，有時愚昧人和虛偽的人是一樣的。因為虛偽的人會偽裝，好笑的是他們愚蠢到總以為沒有人看得出來，其實這正是愚昧人才會有的想法。台語所說的「鴨卵卡密，也會有縫」，就是這種人最好的寫照。同樣地，只有愚昧人才會找各種理由讓自己懶惰，結果是害慘了自己，一點益處也沒有。

在生活中，我們多多少少都會碰到這樣的人。〈箴言〉作者在這裡談到我們在面對愚蠢的人時，必須注意的幾件事：

一是不要託這種人傳送信息，〈箴言〉作者說，託愚蠢人傳送信息，有如「砍斷自己的腳，自找麻煩」，確實是這樣。因為愚蠢的人要不是搞混了受信者是誰，就是很容易把重要且隱密的消息給洩露出去，結果變成託他送信息的人自己受害。古代的信差都是用雙腿跑，或是騎馬傳送訊息。說這樣有如「砍斷自己的腳」，不論這「腳」是馬的還是信差的，都一樣說明信息傳送不到，或是傳送到的時候，已經失去了時效，表示不

但達不到效果，反而壞了正事。

　　二是不要雇用愚昧人，以免「每一個有關的人都受損害」。這裡說「有關的人」，是指所有和愚昧人接觸到的人，因為「愚昧人」辦事不可信，或是應該在時限內辦完的事，卻無法如期達成，結果會使所有與他搭配合作的人都連帶受影響，造成更大的傷害或損失。

　　再者，不要雇用的原因，是這種人學不會教訓，做事會一再重複之前犯過的錯誤，有如「狗回頭吃牠所吐出的東西」，這是一句流行於西亞地帶的俗語，代表著兩種意思：一是明知故犯，明明知道那是自己吐在地上的東西，卻因為懶得去尋找新的食物，還是去吃，用來表示愚蠢人不想學習。二是如同俗語所說的「狗嘴長不出象牙」，表示這樣的人只會撿拾髒的、不合宜的語彙，當作很有學問的樣子。

　　三是不要回答蠢的問題，因為這樣「等於跟發問的人一樣愚蠢」。遇到這種情況，是要「用愚蠢人的話回答愚蠢人；這樣，發問的人就會知道，他並不如自己所想的那麼聰明」，因為愚蠢人的特徵就是覺得自己很聰明，因此，「用愚蠢人的話回答愚蠢人」才會使他發現自己很愚蠢，有喚醒他的效果。

　　四是不要用胸無一策的人，因為這種人往往會有個錯誤的認知，「自以為聰明」，其實「連最愚蠢的人也勝過他」。會這樣說，是因為愚蠢人若是願意領受指導，還有可能會逐漸明智起來，就像〈箴言〉作者說的「對愚昧人也得動用棍子」，這裡的「棍子」是指「催促」、「拍打」，這樣比較遲鈍的人也會醒悟過來。但自以為聰明的人，覺得別人都比不上他，更不會接受別人的勸勉，要讓他學習是非常困難的一件事。

　　在官場有重要位階的人，或是在企業界當領導者的人，都應該知道怎樣避免使用愚蠢人，這種人不但沒有遠見，也不會對自己所處的環境有認知，應變能力很弱。不用期待這種人做出正確或是比較精細的工作，因為聘用愚蠢人，就像在期待一個喝醉酒的人可以精準地把手上的刺拔出來一樣，只是浪費時間和精神而已。

DAY 78 可以辨識出懶惰之人的四個行為

〈箴言〉第 26 章 13 至 17 節

懶惰人待在家裡，他怕什麼呢？怕外面的獅子嗎？懶惰人在床上翻來覆去，就像門扇在樞紐上旋轉。懶惰人伸手取食，連放進自己口裡也嫌麻煩。懶惰人以為自己比七個對答如流的人更有智慧。事不干己而跟人爭吵，等於上街去揪住野狗的耳朵。

〈箴言〉在很多地方都有提到，不要懶惰，〈箴言〉的編撰者蒐集了許多有關懶惰人的話，我們可以一一列出來看：

- 懶惰的人哪，要察看螞蟻怎樣生活，像牠們學習。（6:6）

- 懶惰的人哪，你要睡到幾時？你幾時才起來呢？（6:9）

- 懶惰使人貧窮；勤勞使人富足。（10:4）

- 不要找懶惰人替你做事，他像牙縫裡的醋和眼裡的煙，使你煩躁。（10:26）

- 勤勞的手必然掌權；懶惰的人必服苦役。（12:24）

- 懶惰人無法如願以償；勤勞人卻廣有資財。（12:27）

- 懶惰的人難償所願；勤勞的人得慶有餘。（13:4）

- 懶惰人遍地荊棘；誠實人海闊天空。（15:19）

- 懶的人整天沈睡，好閒的人必將挨餓。（19:15）

- 懶惰人伸手取食，卻懶得放進自己口裡。（19:24）

- 懶惰的農夫不知適時耕種，在收穫之時一無所獲。（20:4）

- 懶惰人等於自殺，因他不肯工作。（21:25）
- 懶惰人待在家裡；他說外頭有獅子等著要吞噬他。（22:13）
- 我走過懶惰人的田地和愚昧人的葡萄園，只見荊棘叢生，雜草遍地，周圍的石牆都倒塌了。（24:30-31）

從上述的經文可以看出，〈箴言〉作者再三教導人們一定不要懶惰，否則只會帶來貧窮，一點益處也沒有。在這一章中，〈箴言〉作者特別為宮廷官員或是他們的後裔準備了幾則關於懶惰之人的智言，希望教導他們一定要避免懶惰，否則不僅他們自己、家族有不好的結果，連國家都可能隨之敗壞。

懶惰人的第一個行為是待在家裡，不想出去工作，問他為什麼老是待在家裡不出去工作，他竟然說出這樣的理由：外面有獅子，怕被咬死、吃掉。其實可以這樣說，懶惰的人不想做事，總是有許多理由可說。他連出去看一下都懶，就藉口說有獅子。若真的這樣，別人出去怎麼都不怕呢？

懶惰人的第二個行為就是總躺在床上，並不是睡覺（根本就睡飽了），〈箴言〉說懶惰人是在床鋪上「翻來覆去，就像門扇在樞紐上旋轉」，這裡的「旋轉」也表示不求長進，只會在原地打轉。這句話的意思很清楚，懶惰的人喜歡賴床，即使已經睡飽了，還是不想起來工作，總會找理由說只要再躺一下。他卻不知道貧窮就是這樣子漸漸靠近身邊，自己一點感覺也沒有，等到發現時，已經窮到一無所有了。

懶惰人的第三個行為就是連簡單的事也不肯做，只需要伸手這樣簡單、輕易的動作，就可以把手上的食物放進自己口裡，連這樣也做不到。或許我們會認為這太誇張了，其實這是一

種比喻，表示有很簡單的事，他們卻不肯做。比如說，我們可以不要把手上的煙蒂丟在地上，這算是非常簡單又輕鬆的事了吧，但我們卻常常在街上看見有煙蒂在地上。我們很少會去想這其中的含意。我們想要讓街上乾淨，就需要懶惰人不要去做這樣懶惰的事。

　　懶惰人的第四個行為就是不肯學習長進，原因只有一點：以為自己什麼都懂，比別人更有智慧。這裡說這種人自認「比七個對答如流的人更有智慧」，意思是他可以回答任何問題。其實說這種話的人，就是愚蠢的人。

　　上述這些都是在教導一個當官員的人，或是要擔任領導、管理職務的人，要學習注意懶惰的人，而且自己也不能變得懶惰。因為社會天天都在改變，所謂日新月異，這不僅是在科技，在生活態度上也一樣。這不僅是為官之道，也是我們每個人都要學習成長的生命功課。

79 講「閒話」帶來的五種惡果

〈箴言〉第 26 章 19 至 23 節

事不干己而跟人爭吵，等於上街去揪住野狗的耳朵……沒有木頭，火就熄滅；沒有閒話，紛爭就止息。炭上加炭，火上添柴，好爭吵的人煽動紛爭正是這樣。閒話有如珍饈美味，一進口就吞下去。言不由衷，猶如粗糙的陶器塗上一層白銀。

　　我們的社會常出現兩種人，一種是被認為愛管閒事的人，這種人常常不明就裡，就插手干涉事情，結果往往碰了一鼻子灰。另一種是被認為見義勇為的人，因為路見不平，就伸手救助被欺負的人。每個社會都一樣，對見義勇為的人都會給予稱讚、肯定。但對於愛管閒事的人，大多是不喜歡的。

　　因為這種人對很多事情都看不順眼，別人穿的衣服、賣的東西等，他都要發表高見，嫌東嫌西的，結果引起爭執。另外一種現象，就是發現有人在爭執，他也不知道詳情，只聽雙方爭吵所說的話，就上前表示意見，表面上是想要排解，其實這是很不恰當的作為。因為無論他們怎麼爭吵，若是有問題，大可去找長輩當仲裁，或是直接去訴訟，法官自然會做出裁決。

　　〈箴言〉作者在這裡提到「事不干己而跟人爭吵」，意思是愚蠢人總喜歡在不明就裡的情況下，介入他人的紛爭中，想要顯示自己很有智慧的樣子，但有時反而會把事情弄得更糟。〈箴言〉作者用「上街去揪住野狗的耳朵」來形容這種事，意思

是這一定會出問題，且會受傷很嚴重。就像前面提過的，並不是要我們不去關心別人遇到的問題，而是要參與處理別人的糾紛之前，需要先知道真正的問題所在。

〈箴言〉的智慧語錄中一再提起，跟鄰舍保持緊密的美好關係非常重要，因為與鄰舍和睦相處，勝過遠親的關係。因此，只有愚蠢的人才會想要「欺哄鄰舍」，這種行為和把鄰舍當作敵人一樣不智。若是真的有這樣的行為出現，最好趕緊表示真心的歉意，而不是被發現了還硬著頭皮說這只是開玩笑，這是很不應該有的態度，只會增添彼此的衝突罷了。〈箴言〉作者說這種心態「無異瘋子玩弄殺人武器」，只會為自己帶來生命的危險，一點幫助也沒有。

〈箴言〉蒐集了許多智言，告訴我們關於謹慎說話的重要性，其中最不好的行為，就是四處講「別人的閒話」，也就是「八卦」。作者在這裡特別提醒我們，講「閒話」可能會帶來的幾種惡果：

一是造成紛爭。〈箴言〉這裡說：「沒有木頭，火就熄滅；沒有閒話，紛爭就止息。」這很清楚，就像我們常聽到的俗語「無風不起浪」。親友之間會起爭端，必定有因，其中最容易引起爭端的，就是有人愛講「閒話」造成的「紛爭」。

二是紛爭會被擴大。作者說「炭上加炭，火上添柴，好爭吵的人煽動紛爭正是這樣」，這說明了有人若要故意製造紛爭，方式就是加油添醋，不是要止息紛爭，而是故意將紛爭擴大，這是很要不得的行為。

三是浪費時間、精神。接下來的經文說「閒話有如珍饈美味」，這種「閒話」通常都是言不由衷的虛假之言，但聽的人

不明就裡，聽了「一進口就吞下去」，這就如同在「粗糙的陶器塗上一層白銀」一樣，是非常浪費時間、精神的事。因為聖經時代的白銀是非常貴重的金屬，而粗糙的陶器是沒有完成的作品，這樣的組合很不搭調，是非常不搭配的做法。

四是掉入花言巧語的陷阱。這裡講「偽善的人」最喜歡「用花言巧語」來掩飾心中的「仇恨」，所以，無論這種人講了什麼好聽的話，最好不要聽。因為他的目的就是要陷害別人。因此，對這種好聽、諂媚的話都要非常小心才好。因為喜歡講這種話的人，身上往往都藏著羅網，稍微不小心就會掉落陷阱而無法脫離。

五是被虛偽、諂媚的話所迷惑。這裡說「虛偽的舌頭指向所憎恨的人；諂媚的嘴巴造成傷害」，這清楚說明了一件事：「不誠實」的話總是不懷善意。無論聽起來多麼好聽，甚至讓人心動，都要非常小心。

另外，聖經很清楚提醒我們，心中帶著仇恨的人，講話要特別小心，不要有害人的計謀，因為上帝非常清楚人心中的意念。若是設計陷害別人，上帝定會追究「報應」。這種報應就和〈箴言〉作者說的「挖陷阱的，自己掉了進去；滾石頭的，石頭滾在自己的身上」（26:28）一樣。

80 每個人都必須學習的重要功課

〈箴言〉第27章1至6節

不要為明天誇口，因為你不知道每天所要發生的事。讓別人誇獎你，甚至讓陌生人誇獎你；你可不要自誇。石頭、沙土雖重，但是愚昧人造成的禍患更重。忿怒殘酷而具破壞性，然而嫉妒更加可怕……朋友所加的創傷是出於善意；敵人的擁抱，必須當心。

　　〈箴言〉這本經書的最大特色就是喜歡用「對偶句」或是「相對性」的句型來呈現，「智慧」和「愚蠢」、「正義」和「邪惡」、「辛勤」和「懶惰」、「聰明」和「愚昧」、「溫和」和「急躁」……等等，這種相對的用詞一再出現，這章則更為明顯。

　　第27章就是用「相對性」的語句，突顯出「智慧」和「愚蠢」的對比，目的就是要人學習智慧，要提醒王室的成員，不要使自己成為愚蠢人，因而被坊間人們嘲笑。這不只對王室成員和宮廷大臣很重要，對我們每個人來說，都是很重要、需要學習的功課。

　　這段經文一開始就提醒人們：「不要為明天誇口，因為你不知道每天所要發生的事。」這句話很清楚在說明，沒有任何人（或是人所造出來的神明）有能力預料明天或未來會發生的事（參考以賽亞書41:21-24、41:26、43:9）。這就像作者在第3章5至6節所說的，要「專心信賴上主，不要誇耀自己的聰明」，在任何事上都要如此。真正可以讓我們信賴和倚靠

的，就是生命的主——上帝（參考箴言16:3），因為上帝才是決定我們「人生道路」以及未來生命行程的主宰（參考箴言20:24）。

作者很清楚表明，不論人有什麼計畫，或是計畫得多麼周詳，只有在上帝的旨意裡才會生出效果（參考箴言19:21）。在耶穌的教導中，就曾勸勉我們「不要為明天憂慮」，只需要專心倚靠上帝就對了（參考馬太福音6:34），而這也是整本聖經教導我們認識的事。

接著這裡說要「讓別人誇獎你」，最好是由「陌生人誇獎」，千萬「不要自誇」，因為「自誇」很容易讓一個人陷入驕傲的漩渦中無法自拔，因而導致失敗。而陌生人的誇獎，不會是諂媚，才會是真實。

〈箴言〉作者曾說過，寧願遇到失去幼子的熊，也不願意碰見愚昧人（參考17:12），因為愚昧人經常會做出令人頭痛、難以收拾的事。這裡則說愚昧人所造成的禍患，比「石頭、沙土」都沉重。把這個觀念套在國家官員身上就很清楚，官員若是愚蠢，造成國家或人民的傷害，是相當地嚴重。特別是當一個官員心中若存著「嫉妒」之心，所發出來的「忿怒殘酷」造成的破壞性更令人感到可怕。

這裡的「嫉妒」，原文是指鼎沸的水。若是不注意，不但會傷害自己，更會傷害到別人。作者曾說過「嫉妒是骨中毒瘤」，表示其嚴重性會帶來死亡（參考14:30 b）。這也是福音書作者所說的，猶太人領袖就是因為「嫉妒」才將耶穌送去羅馬總督彼拉多那裡審問（參考馬太福音27:18；馬可福音15:10）。聖經中提到因為嫉妒帶來的問題不少（參考創世記30:1、37:11；

民數記11:29）。

　　作者也在這裡提到，真實的朋友所提的意見，若是真實的，即使是公開的譴責，也勝過「敵人」虛情假意的「擁抱」，因為那會是一種無形、隱藏的傷害。作為一個宮廷官員，就要勇於接受真情的建議，而不是和虛偽、諂媚的人連結在一起。

　　福音書就有記載，當猶大（猶達斯）出賣耶穌，帶聖殿的警衛到橄欖山去抓耶穌時，因為是在深夜，怕警衛看不清楚誰是耶穌，他就是告訴那些警衛，說他跟誰親吻，那人就是耶穌。看，猶大就是用擁抱和親吻來出賣耶穌的。由此可見，敵人的擁抱是多麼可怕，我們必須小心。

DAY

81 說話不實在，「祝福」也變「詛咒」

〈箴言〉第 27 章 14 至 18 節

清晨吵醒朋友，大聲為他祝福，等於是詛咒他。愛嘮叨的妻子像霪雨滴滴答答；要她安靜猶如攔阻狂風，或用手抓一把油。朋友互相切磋，正如鐵和鐵磨利成刃。看管無花果樹的，有無花果吃；侍候主人的必受器重。

前面已經跟大家提起過，基督宗教信仰入門的第一步，**就是從「誠實」開始**。因為基督宗教信仰強調上帝察看人的內心，一個人會講欺騙、虛假的話，等於在藐視、否定上帝鑒察人內心的能力。這樣的認識是非常重要的。

說誠實話，至少在表達一件事：我知道我的內心有上帝在鑒察，我所說的話都是真實的。耶穌就說過這樣的話：「你們說話，是，就說是，不是，就說不是；再多說便是出於邪惡者。」（馬太福音 5:37）耶穌是在告訴當時的猶太人，不要動不動就指著天發誓，因為天代表上帝，一個人若是講話不誠實，又指著天發誓，那等於在羞辱上天，也等於在否認上天沒有能力知道他發誓的話是虛假的。

誠實，是上帝最喜歡看見人的行為。相對地，說不誠實的話，則是上帝所厭惡的事，若是作假見證陷害人，更是上帝所不容許的惡劣行為，因為在任何場合作假見證，都一定會傷害到別人，若是在審判的法庭說不誠實的話，甚至會傷害別人的

生命。因此，一個沒有信耶穌是救主，卻很誠實的人，遠遠勝過開口閉口說信耶穌，卻常常撒謊、欺騙的人。

〈箴言〉作者在這裡說，每天「清晨」說「祝福」的話，也算是一種「詛咒」。原來這裡所說的「祝福」，原本是「諂媚」之意，表示隨便說些並不是很實在的話語，也就是「不誠實」的話。〈箴言〉作者說這不會是「祝福」，反而是「等於詛咒他」。因為虛假的話會混亂朋友正確的心緒和思路，導致他判斷錯誤而遭受災害。

〈箴言〉作者提出一個認知，就是好的朋友不是講一些虛假的話，而是貴在真實。也只有真實的朋友，才會在遇到問題、有困難臨身時，會想要互相幫忙。這裡提到「朋友互相切磋」，原本的意思是「互相磨臉」，表示這種友情相當緊密，且可以彼此影響。

作者說這種友情「正如鐵和鐵磨利成刃」，表示他們的緊密關係不受時間、距離的影響，這樣的真心只有知己朋友才會有，會坦誠相互學習，結果就如同鋒利的刀劍，不但可護身，也可當作攻擊敵人的利器，表示可同甘共苦，一起承擔苦難，也可一起分享成果帶來的喜悅。

聖經非常強調「誠實」的重要性。而誠實不僅是在說話上，也用在生活和工作中。若是用在婚姻、家庭上，就是「忠實」，用在工作職場上，就是一個忠實的僕人。〈箴言〉作者在這裡鼓勵所有僕人，只要認真忠實地工作，即使在無花果園工作，也會得到主人讚賞而獲得一定的獎賞，不用擔心會餓肚子。對主人忠心的僕人，一定會獲得主人的獎賞，這種事情即使到今天都是一樣，沒有任何一個主人會喜歡不誠實、不可靠的僕人。

　　同樣地，一個人若是真實、忠心，他領受他該得到的，就會安心。例如我們的社會有很多比賽，大家若是用真正的實力來努力，這樣得到獎賞時，心中就會有甘甜的感受。但若是比賽過程中，用不誠實的方式取得勝利，例如運動員服用禁藥、考試作弊……等等，以這樣的方式來領取獎賞，就是欺騙。而這樣的獎賞所帶來的稱讚，只會使這個人的人品遭到質疑，得不償失。

　　因此，〈箴言〉作者說「稱讚考驗人品」，就像金、銀的純度是否足夠，用爐火燒就知道了。

DAY
82 神不會接受的
那種捐贈

〈箴言〉第28章1至9節

邪惡人沒有人追趕也逃跑;正直人卻像獅子一樣勇敢……邪惡人
不曉得什麼是正義;尋求上主的人明白事理。貧窮而正直,勝過
富貴而詭詐……以高利貸剝削他人致富的,他的財富終必落到體
恤貧窮者的手中。你若不遵守法律,上帝必厭惡你的禱告。

　　一個社會能夠穩定,是因為絕大多數都是善良的好人,否
則這個社會一定很亂。即使是「黑道味」很濃厚的人,也會有
良善的一面,只是這個良善的一面沒有被挖掘出來而已。

　　我在監獄服務的時候,曾看見全身都紋身的角頭老大,偶
然間在農場看見一窩剛破殼的雛鳥,就帶回監獄舍房細心照
顧,並且從中發現生命成長的艱困,想到自己被捕入獄前,在
外面橫行霸道、傷害別人的生命,就感到慚愧不已。後來就決
定脫離黑道,改邪歸正。在嘉義西門長老教會牧會時,我也曾
親手為一位黑道老大施洗,他帶領全家都皈依耶穌的名,且虔
誠的心讓我和所有信徒都深受感動。

　　這使我想起台南東門圓環有一位陳先生所說的話。他從
1948年開始,在日本東京的代代木區開設拉麵店,專門雇用腦
性麻痺的孩子,用這種方式幫助他們。當我稱讚他的偉大之愛
時,他卻輕描淡寫地說了這段讓我永遠感動在心的話:「我只
不過是拿了一塊乾淨的布,將上帝創造我們的那個原本美麗,

卻被這個世界弄汙濁了的形像，擦拭乾淨而已！」

　　每個人都有上帝創造時的形像，卻因為人類的罪行，使這些美麗的形像在不知不覺中受到汙染而不自知。沒有人出生就會做邪惡的事。如果我們可以用更多的愛來關心這些作惡的人，應該會讓這些作惡的人良知出現，而改變歸向上帝。

　　〈箴言〉作者用很多篇幅在描寫作惡的人的樣式，在這段經文中，作者說邪惡的人外表看起來很勇敢，其實，他們的內心是很懼怕的。也因為懼怕，在遇到危險時，第一個反應往往就是趕緊逃跑。再者，邪惡的人之所以會做邪惡的事，就像前面提過的，他們不知道什麼是「正義」，也因此，對事情應該有的道理並不清楚，或是會故意扭曲。

　　作惡的人很少想到一件很重要的事，就是無論他們怎樣禱告，上帝並不會聽，而是會厭惡（參考以賽亞書1:15；耶利米書7:16；約翰福音9:31）。無論他身上掛了多少寺廟的念珠、平安符，或是捐贈多少錢給教會、廟宇、公益團體等，都沒有用。因為真正的神是不會看這些捐贈的，只有虛假的神明才會注意這種捐獻。

　　〈箴言〉作者在這裡說了很重要的話，就是「貧窮而正直，勝過富貴而詭詐」，這兩句話的意思很清楚，就是如果財富是用詭詐的方式累積起來的，屬於「不義之財」，對人並沒有益處（參考箴言10:2），而且這種財富會「瞬息耗盡」（參考13:11），還會「危害家室」（參考15:27），也會像「過眼煙雲，使人陷入死亡」（參考21:6）。

　　作者又說，「以高利貸剝削他人致富」，這是上帝所厭惡的行為，因此，摩西法律嚴格禁止這種行為（參考出埃及記

22:25；利未記25:35-38；申命記23:19-20）。先知也提出警告，禁止這種惡劣行為，因為這會帶來上帝的忿怒（參考以西結書22:12）。對於這種人，上帝的懲罰就是讓他的財富「終必落到體恤貧窮者的手中」，這也是一種報應欺壓窮人者的懲罰方式。同時，這也是上帝賜福給照顧窮人者的一種祝福。

作者一再強調，遵守上帝法律和教導的人，一定會反對違背上帝法律的人。不但這樣，這樣的人一定會是個「明白事理」的人，也就是「聰明」人。

上帝不會垂聽違背祂法律的人的「禱告」。因此，人若是心思不正，那他無論擁有多少權柄、財富，都會很快消逝。當這種人遇到困難時，再多的財富、地位也是枉然。要記住聖經的教導：我們的生命是從上帝賞賜而得到，也都將回到上帝的地方。這絕對不是用人的金錢、權勢可以換取到的。

DAY 83 身為領導者的第一要件

〈箴言〉第28章12至16節

義人掌權，人人慶賀；壞人當權，人人躲藏。掩飾自己罪過的，不能有幸福的人生；承認過失而悔改的，上帝要向他施仁慈。敬畏上主，幸福無窮；剛愎頑固，自取滅亡。暴君轄制窮人，有如咆哮的獅子或覓食的熊。統治者不明事理，必成暴君。

　　這段經文告訴希西家王的宮廷官員和王室貴族，必須在信仰的事上存著敬畏上帝的心，只有這樣，才會獲得上帝的賜福。要注意的是，聖經談到上帝的「賜福」，意思是賞賜生命的力量，這種力量會使人無論遇到什麼惡劣的情況，都會生出力量來克服、跨越。

　　倚賴來自上帝賞賜的福氣，比起有錢人倚靠金錢，是更正確的選擇。因為錢財是隨時會改變的，且隨時會消失，絕對不是生命的倚靠。換句話說，只有愚蠢的人才會想要把生命倚靠在這種隨時會改變、消失的東西上。

　　前面已經提過很多次關於義人的事了，〈箴言〉作者在這裡說，由義人來管理國家、社會，人民就會感覺幸福，高興地過日子。因為這種人有個特質，就是**不會隱藏自己的罪過**，原因很簡單，既然義人心中尊崇上帝為生命的主，他就會知道上帝鑒察人的內心，所以發現自己有做錯的事，一定會悔改、認罪，懇求上帝的赦免。

　　這也是以色列國王大衛所抱持的態度。他謀害自己的部下烏利亞（烏黎雅），然後奪取烏利亞的妻子拔示巴（巴特舍巴）。後來上帝差派先知拿單（納堂）去斥責大衛，大衛不是因此生氣而下令殺害先知，或是拒絕聽從，而是馬上就跪下來認罪懺悔。聖經裡〈詩篇〉第51篇，就是大衛在認罪懺悔後所寫的詩歌。在該詩歌中，他懇切祈求上帝赦免他的過犯。這也就是〈箴言〉所說的，「承認過失而悔改的人，上帝要向他施仁慈」。

　　這點也是基督宗教信仰最根本的基礎，就是認為每個人都是罪人。台灣有一句諺語「鼻孔向下，沒有一個好人」，意思是相同的。因此，舊約聖經先知的作品中，都提出呼籲，要大家悔改向善，不要在罪惡中打滾。

　　相對於義人，就是做壞事的人，或是說「壞人」，〈箴言〉作者在這裡說，壞人若是掌權，「人人躲避」，因為這種人只會隨著自己的意思去做事，使別人的生命受到威脅，這也是為什麼這幾年來，有大批難民逃離自己的國家，跑到歐洲去的原因。我們可以從電視新聞中看見，西亞的伊拉克、敘利亞、黎巴嫩，以及一些中美洲國家，一群群難民逃離家鄉，冒著生命危險，只為了尋找一個可安定生活的國家。亞洲的緬甸也有成千上萬的羅興雅族人，逃到鄰近的孟加拉尋求庇護。

　　這些都在說明一件事：這些國家的統治者、社會領袖，用殘酷的手段對待人民。這些作惡的人，明明知道自己這樣做是錯誤的，卻不承認。不但這樣，還用許多方式，特別是用武力逼迫人民就範。這也是箴言作者所說的「統治者不明事理，必成暴君」。

　　希西家王要宮廷的人抄下這段箴言，就是要勉勵宮廷貴族、官員要記得學習一件事：一生都要用敬畏上帝的心來治理國家、過社會生活，這才是正道，這比擁有錢財、地位都重要，因為沒有上帝，就沒有這些身外之物。

84 欺騙，貪婪的 典型記號

〈箴言〉第28章19至22節

勤勞的農夫食用無缺；追求虛幻的人難免貧窮。誠實的人滿有幸福；想發橫財的，難逃懲罰。心存偏私不對；但有些人竟為了一小塊麵包而枉法。貪婪的人急於要發橫財，卻不曉得貧窮就要臨到。

　　聖經〈創世記〉第1章記載上帝創造人之後，要人好好「管理」上帝所創造的世界。然後在第2章，記載上帝也造了美麗的伊甸園，然後將人安置在伊甸園裡面，作者說上帝要人在伊甸裡「耕種」。因此，工作是身為人的生命記號，這點認識非常重要。

　　〈箴言〉一再提醒人，一定要認真工作。作者喜歡用「勤勞」和「懶惰」帶來不同結果作對比，來說明勤勞的重要性。這也是希西家王要宮廷官員和王室家族的人抄錄此段經文之因，就是要大家知道，不要因為有了官職、貴族身分而只想要過著坐享其成的生活，那是錯誤的態度和觀念。

　　這裡說「勤勞的農夫食用無缺」，相對地，懶惰的農夫等於浪費自己的生命。可以這樣了解，會殷勤工作的人，也會是個誠實的人。換句話說，只有誠實的人，才會腳踏實地、認真工作；懶惰的人會找許多理由，來合理化自己的懶惰行為，所以懶惰的人的一個典型態度，就是欺騙。

　　別以為欺騙需要絞盡腦汁，不是這樣的，因為欺騙就是在走捷徑，認為不需要付出很多勞力、時間，就可以獲得很多的報酬，其實，這種人往往得到的是更大的懲罰。

　　正確的觀念是：欺騙，就是貪婪的典型記號。即使欺騙可以讓人在一時之間騙到很多，最終還是會被發現，下場就是比貧窮更慘，原因是這個人會失去身邊人們的信任，所以，就算他之後陷入困苦、需要幫助，也不會有人伸出援手來救助，甚至連過去他的親友也會因為他的欺騙而拒絕與他接近。

　　再者，欺騙的行為正好顯示這樣的人是自私的，這種人不會考慮被他所騙的人的痛苦。也因為這樣，當他的種種欺騙行為被發現之後，被欺騙的人（包括他的親友）都會對他產生仇恨，因此，欺騙等於「製造糾紛」，對社會沒有幫助，只有更多的損壞。

　　自私的人還有個心態，就是會有偏見。因此，若是一個官員很自私、帶有偏見、內心貪婪，就會為了貪圖「一小塊麵包」而「枉法」。如果官員或是王公貴族這樣，最後會造成人民的怨氣，使國家、社會陷入不穩定的狀態，這是非常不好的。把官員的概念放到現在，就是所謂的人民公僕，公僕若是很誠實、很認真地做事，就會得到民眾的喜愛與支持，也會被賦予更重要的職位。

　　耶穌的教導中，就有提到「忠實的僕人」的比喻；他說有個主人要出遠門，按照僕人的才能分配給他們資金，要他們努力工作。然後有一天，主人回來了，就召集這些僕人，問他們資金運用得如何。這些僕人分成兩種，一種是認真、努力的僕人，將資金運用的成果報告給主人知道，有得到十倍的，也有

得到五倍的。

　　另一種是懶惰的僕人，不想去工作，也害怕去工作，所以他想到的是，萬一把資金拿去經商失敗了，一定會受到嚴厲的懲罰。於是他將主人給他的資本用包巾包起來，埋在地下，結果主人非常忿怒，認為這是個懶惰的僕人。因此，主人將這個懶惰僕人所擁有的全部沒收，轉贈給那些認真的僕人。

　　由這裡就可以看出希西家王的用心，就是希望他宮廷的官員能像殷勤的農夫一般，會認真工作，也不會偏心，而是充滿愛心。若是如此，人民就會信任這樣的政府，政權也就能穩定地持續下去了。

DAY **85**

管教孩子，
是愛孩子的最好表現

〈箴言〉第29章15至19節

鞭打管教可增智慧；放縱的孩子使母親羞慚。邪惡人當權，罪惡增加，但義人要看見他們敗亡。管教兒子，他會使你終生平安喜樂。沒有上帝的引導，人民就放蕩無羈；遵守上帝法律的人多麼有福！管教僕人不能只憑言語，他即使聽懂也不服從。

　　在聖經時代，王室成員和官員都是達官顯要，他們的孩子很容易被家裡的僕人過分疼惜、縱容，而不知道嚴守規矩，長大後就容易出問題，做出不恰當的事情，變成王室的恥辱。因此，〈箴言〉中一再提起：**孩子是需要教導的，且要趁著小時候就要給予清楚的規矩，讓小孩知道守分寸。**但要這樣要求孩子，父母本身要有好的榜樣，因為所有的教育都是從家庭開始做起。

　　我們常聽到有人說「天下無不是的父母」，但這句話不一定正確。因為我們也一再發現，有的父母帶著小孩去超市或超商偷竊物品，有的父母當街辱罵自己的稚齡小孩，也有父母因為自己子女在學校與同學吵架，就去學校找那位同學興師問罪等等，這些都是很不好的身教。

　　當父母的要管教子女，自己就要先守好規矩，從最簡單的「排隊」開始，就是非常重要的功課。走路或開車時，遵守交通信號，這也是教導孩子「規矩」的重要性的機會。如果連父母自己都隨便插隊、闖紅燈，那有什麼資格要求孩子守規矩呢？

　　教育，就是從小開始的，因此，正確的教育制度，應該是要重視兒童教育才正確。以色列人的教育就是這樣，他們重視學齡兒童的教育，而且是從家庭教育開始。他們認為父母的行為就是小孩在成長過程中，最好的學習對象。因此，有這樣的一句話出現：「會賭博的父母，就會有欺騙的孩子；會酗酒的父母，就會有失序的孩子；常會吵架的父母，就會有暴躁的孩子。」

　　〈箴言〉在這裡說「管教兒子，他會使你終生平安喜樂」。這裡所謂「管教」，在希伯來文的原意是指「說服」，表示成人用盡辦法讓孩子明白事實的真相，使孩子知道如何去遵行。而「說服」一詞，也表示成人用嚴謹的態度，讓孩子清楚自己應該遵行的規範，絕對不含糊應付了事，這種教導會增添孩子的智慧，而有智慧的孩子，必定會讓父母一生放心。

　　相對的經文，就是「放縱的孩子使母親羞慚」，這「放縱」一詞的意思，表示沒有範圍，也是指沒有規律之意。這樣「放縱」下去的「孩子」，很容易到處惹是生非，最後只會「使母親羞慚」而已。所以〈箴言〉作者再三強調管教的重要，因為管教孩子，其實是愛孩子的最重要表現，因為這關係到孩子的一生，就像〈箴言〉所說的：「不懲戒兒子就是不愛他；疼愛兒子必勤加管教。」（13:24）

　　這裡也提到，管教不只對孩子這樣重要，對家裡的僕人也相同重要。若是沒有嚴謹地管教僕人，有一天，僕人就會成為背叛者。這也是此段經文所說的，只有用說的，不足以讓僕人順服，而是需要有明確的行動、舉止，讓僕人、部屬看見他們的領導者、長者，確實是照著他們教導別人的規矩來做事。也

就是說，不論是管教孩子還是教導僕人、下屬，**自身的言行必須一致**，這樣才有效。

其實，只要父母有明確的教導，且自身成為孩子學習的榜樣，孩子看在眼裡，等孩子逐漸長大，就會知道分辨什麼樣的人是正直的人、什麼樣的人是「不義的人」。懂得分辨，就不會跟這種如盜賊般的不義之人相處在一起，也不會學壞而走上歪路了。

DAY

86　失去上帝，就失去一切

> 〈箴言〉第30章1至5節
>
> 以下是雅基的兒子亞古珥的箴言：上帝不與我同在，我得不著幫助。我像畜類，不像人……有誰升過天又降下來？有誰用手捕風？有誰用布包水？有誰為大地立定邊界？他是誰？你知道嗎？他的兒子名叫什麼？……他像盾牌，衛護所有投靠他的人。

接下來的第30至31章，也不是所羅門王寫的，而是蒐集到的諺語。特別是第30章1至6節，一般認為作者是「雅基的兒子亞古珥」（瑪薩人雅刻之子阿古爾），單從這名字來看，就知道不是以色列人，因此，這很可能是外邦地區流傳的箴言。會出現在〈箴言〉中，有可能是以色列人四處遊牧，聽到當地人傳頌而記下來，用來教導後代子孫。

這裡所用的「箴言」一詞，原本希伯來文是用「韓瑪莎」（hammaśśā），這字含有上帝「啟示」、「真理」，以及「重大責任」的意思。因為認為這些話是真理，所以領受的人不能只是聽聽就算了，而是要將這些話實踐出來，這是一種責任。

這裡說「上帝不與我同在，我得不著幫助」，意思很清楚，就是任何人即使擁有世上所有的權力，若是失去了上帝，很快就會失去一切。這句話清楚說出人的有限、軟弱，我們生命的旅程會一再遇到困境，亟需要上帝的陪伴同行，才能克服所經歷到的苦難。

經文接著說「我像畜類，不像人」，這是一句謙卑的話。因為有人自認很有智慧、什麼都懂，但這裡說一個真正有智慧的人，應該是認識上帝的人，這樣的人不會驕傲，而是會謙卑，知道人類能力的有限，每個人都必須在動盪不安的生活環境中努力，才能獲得生存的機會。

這裡也說出了很重要的概念，就是人對上帝的認識確實非常地少。因為聖經所說的這位至聖者上帝，並不是人的知識有辦法理解的。〈約伯記〉裡描寫約伯問上帝許多關於生命的問題，上帝曾要約伯去山上或海邊走走看看，先看飛鳥在天空中飛翔、看海中的生物在遊玩，看地上的走獸、昆蟲、花草樹木，之後再來說想要了解上帝。約伯聽了之後，對自己的無知感到萬分羞愧（參考約伯記42:3、42:6）。

接下來亞谷珥提到有關人的知識相當有限的幾個問題，都是和宇宙的自然現象有關，特別是和「天象」有密切關係。這裡提到幾個有趣的問題：

「有誰升過天又降下來？」

「有誰用手捕風？」

「有誰用布包水？」（這是指雲彩中包含了雨水）

「有誰為大地立定邊界？」

接著還問：「他是誰？你知道嗎？他的兒子名叫什麼？」這些都是用來質疑那些自認很認識上帝的所謂賢達者，要他們說出創造宇宙萬物的主宰之名。即使到今天，基督宗教信仰只能用一個名字，就是「上帝」，也只能說這位上帝是宇宙萬物的創造者。而在科學界，會用「自然」來說明這一切原本就已經存在，卻不知道來源。

　　亞谷珥的智言說到一個很重要的認識：這位偉大的上帝，是信實的上帝。只要上帝答應過的事，一定會信守承諾。對於信靠上帝的人，上帝會像「盾牌」庇護著。「盾牌」是古代戰爭必備的防衛武器，含有「保護」之意。誰來投靠上帝，上帝一定會「衛護」這個投靠者，使他不受到傷害。

　　當人知道謙卑，就會知道自己並不聰明、偉大，並且會知道自己的有限。這樣他也會清楚知道，什麼事可以做、什麼事不可以做。例如傷害人們生命的事，或是汙染上帝所創造的大地、河川、生態環境等等，這都是不可以做的事。人對上帝所創造的「物」確實了解甚少，若將這些事物給破壞掉，就是對上帝不誠實，這絕對不會是上帝所喜愛的事，這點認識很重要。

DAY

87 應該向上帝祈求的兩件事

〈箴言〉第30章7至14節

上帝啊，有兩件事，求你在我未死之前成全：使我不撒謊；使我也不窮也不富，只供給我所需要的飲食……有些人咒罵自己的父親，不知道感謝他們的母親。有些人自以為潔淨，其實滿身汙穢。有些人自以為完美，眼目高傲。有些人殘暴地剝削窮人，吞食無助的，靠榨取為生。

在談〈箴言〉這本經書時，就說過所羅門王只向上帝祈求一件事，就是求上帝賜給他智慧，這樣他就知道怎樣治理國家人民。上帝聽了之後相當感動，決定不但賞賜給他智慧，還給他財富、長壽以及榮華富貴。

現在這段經文也記載著有人向上帝祈求，祈求上帝成全兩件事：

第一件事是「使我不撒謊」。 這看起來似乎是件小事，其實是非常重要的生命功課。〈箴言〉中已經說過很多次，為人必須要誠實，前面幾章也提過，上帝最厭惡的七件事，其中有三件都是和撒謊有關係。如果你要問我，基督宗教信仰入門的第一件事，我會說「誠實」。

第二件事是「使我也不窮也不富」。 這裡的下一句是「只供給我所需要的飲食」，耶穌教導門徒的祈禱文中就這樣說：「賜給我們今天所需的飲食。」（馬太福音6:11）這表示一個人如果

對上帝有絕對的信心，就不需要有貪婪的念頭，因為他知道上帝會賜給他當天所需要的，不會讓他挨餓。

這和以色列人民離開埃及、進入曠野時所學習的功課相同，就是每天每人出去撿拾當天所需要的量即可（參考出埃及記16:4、16:17-18）。使徒保羅也提到「知足」會使人的心「富有」（參考提摩太／弟茂德前書6:6），也只有「知足、不貪」的人，才會明白分享的重要性。

表面上看起來，這兩項祈求好像是兩件事，其實是連結在一起的。因為不撒謊，就是誠實，也只有在誠實的前提下，人才會懂得「知足」，而不會有貪婪的心。一個人會貪，就會有不誠實的動作出現，這包括說話，也包括行動，而最常見的實際行動，就是偷竊。

「盜賊」的行為違背了十誡的第八誡、第十誡，這不但表現出一個人的貪婪，也表現出他對上帝賞賜的不滿意。因此，這也解釋了這段經文中的祈求之人，會這樣祈求的原因，就是：「如果我有餘，我可能說我不需要你。如果我缺乏，我可能盜竊，羞辱了我上帝的名。」這段話說出了真實知足的重要性，只有這樣才能保持和上帝之間和諧的關係。因為有了上帝，就等於有了一切（參考箴言30:1）。

接下來的經文，作者連續談到四種人，這四種人的心態和行為都非常要不得，是我們絕對要避免的。這四種人分別如下述：

第一種人是「咒罵自己的父親，不知道感謝他們的母親」。這種人對父母的態度很惡劣，會咒罵父母，不會也不知道要感恩。接下來的經文中有提出警告，說這種羞辱父母的人會被禿

鷹所吃，眼睛也會被啄出來。表示結果悽慘。

　　第二種人是「自以為潔淨，其實滿身汙穢」。這是指在宗教行為上的表現，是一種信仰上的驕傲。有些信耶穌的人就是這樣，會瞧不起不同信仰的人。

　　第三種人是「自以為完美，眼目高傲」。這種人可說是目中無人，也是聖經所說的，是心中沒有上帝的人。

　　第四種人會「殘暴地剝削窮人，吞食無助的，靠榨取為生」。這種人對待鄰舍的態度很惡劣，他們往往是擁有權勢的人。但做出這種行為，他們所得到的都是不義之財，只會為自己帶來災禍，一點利益也沒有。

　　這一章說到我們應該向上帝祈求的兩件事，以及我們要避免成為的四種人。這都是很基本的道理，卻影響我們的人生至深，我們一定要特別注意。

DAY
88 值得學習的動物生存智慧

〈箴言〉第30章21至31節

連大地也不能容忍的事有四：奴隸作王；愚昧人飽足；討厭的女人結婚；婢女代替女主人的地位。世上有四種動物，體積小卻非常聰明：螞蟻雖然弱小……石貛並不強壯……蝗蟲沒有君王……壁虎雖可用人手去抓……腳步威武，引人注意的有四……獅子；公山羊；威武的雄雞；無敵的君王。

　　這一章的經文非常有趣，有三個「四」：四件不能容忍的事、四種體積小卻非常聰明的動物、四種讓人心生畏懼的威武動物。

　　這裡先提到有四件事是令人「不能容忍」的，所謂「不能容忍」，希伯來文的原意是「驚動」、「不安」的意思，也可以說是讓一般人聽到都會震撼的事，原因是這四件事和傳統的認知與經驗相差太大，可說是顛覆了原有的了解和看法：

　　一是「奴隸作王」。 這可說是完全不可能的事，因為聖經時代的社會（即使到近代社會也一樣），奴隸是屬於主人的財產，只能做到死，沒有所謂生命尊嚴可言。現在卻說「奴隸作王」，就是主人從奴役他人的角色，變成被統治、管理的角色。

　　二是「愚昧人飽足」。「愚昧人」代表著懶惰、貪睡的人，但現在卻發現愚昧人竟然可以吃到飽，不用愁煩吃的問題，這對生活在農業社會的人來說，是很難想像的事。因為懶惰的人不想耕種，田地必定荒廢，就別想要得到糧食。除非是繼承了

祖先留下來的財產,但若是這樣,也真是悲哀,因為愚昧人無論繼承多少家產,總有一天會敗光。

三是「討厭的女人結婚」。所謂「討厭的女人」,原本是指被遺棄的女人,也就是習慣淫亂行為而被捨棄的女人。若真的有人追求這種女人,跟她結婚,那可以想像得到,這女人婚後也不會安於家室,還是會一樣淫蕩不羈。

四是「婢女代替主母的地位」。這接近第一句「奴隸作王」。在古代社會,有錢人家的女子都會買窮人家的女子來當婢女,卻沒想到婢女後來竟然取代了主母的地位。這很可能發生在主母不孕,所以由婢女替代的狀況下。聖經中記載亞伯拉罕的小妾夏甲(哈加爾)就是個例子(參考創世記16:1-6),她差一點就取代了主母莎拉(撒辣)的地位,還好莎拉發現得早,將夏甲逐出家門。

接下來,〈箴言〉作者提出第二個「四」:四種體積相當小,卻很聰明的動物。

一是「螞蟻」。〈箴言〉作者說螞蟻最聰明的地方,就是牠們的群體中沒有國王、領袖,卻知道怎樣集體行動,「在夏天儲備糧食」,以備冬天之需,是非常辛勤、懂得儲備以防不時之需的蟲類。

二是「石貛」。這種動物的體積有如貓一樣大小,自己身體並不強壯,容易被攻擊,但牠卻很聰明,知道把巢穴築在「岩石」的縫隙裡,保護自己免受外敵侵入,是很瞭解自身弱點,且懂得應變的動物。

三是「蝗蟲」。牠們雖然沒有組織,卻知道「列隊行進」,知道怎樣在過境農田時好好啃食農作物。所謂「蝗蟲過境,

寸草不留」就是很貼切的形容。這點可參考舊約聖經〈約珥書〉（岳厄爾）第1章4節、第2章3至9節。牠們這樣有秩序的行動，並不是因為有君王或是領袖帶領、命令，卻可以這麼井然有序地行動，值得人類學習。

四是「壁虎」，雖然人的手可以輕易捉到牠，但人無法隨便進入「皇宮」，壁虎卻可以輕易地進入，不需任何通行證，連守衛的兵都阻止不了。

然後，作者又提出第三個「四」：這四種動物，只要他們腳步一動，大家看到都會心生畏懼、加以注意。

一是「獅子」。牠是「百獸中最強壯、無所畏懼」的動物。只要獅子開始準備行動，不僅是任何動物，人也是一樣，都會心生畏懼，趕緊閃躲。

二是「公山羊」。牠活躍在山岩間，無論是多麼險峻的山嶺，對公山羊來說，用跳躍的方式，一點問題都沒有。雖然牠不會主動攻擊人，但當人看見牠在險峻的山嶺間蹦跳，也會為牠的安危擔心。

三是「威武的雄雞」，這裡的「雄雞」，在《台語版》聖經是用「獵狗」，跟《七十人譯本》聖經所用的相同。不論是哪一種譯本，這都是很凶猛的動物，特別是在追逐獵物時，其腳步是非常穩健的。

四是「無敵的君王」。表示百戰百勝的將軍，敵人只要聽到他帶兵出征，就會心驚膽戰，甚至不敢出兵應戰。

這裡提到的每一種動物，都有自己的生存智慧，很值得我們學習。

89 一位母親給領導者兒子的建言

〈箴言〉第31章1至9節

以下是利慕伊勒王的母親對王的訓言……不可在情慾上耗費你的精力……君王不可喝酒，不可貪杯。他們喝了酒就忘記國法，忽略窮苦人的權益……要替不能為自己說話的人發言，維護孤苦無助者的權益。要替他們辯護，按正義判斷他們，為窮困缺乏的人伸冤。

　　這裡雖然寫著是「利慕伊勒王」（肋慕耳）的母親對王的訓言，但這位利慕伊勒王是誰？並沒有資料可提供。有些聖經學者認為「利慕伊勒王」並不是人名，而是指地區；但也有學者認為「利慕伊勒」並不是指誰，而是指「重要的話語」，若是這樣，這裡所說的就是母親教導兒子的訓言。

　　母親對孩子交代的第一句話是「不可在情慾上耗費你的精力，在女人身上浪費你的金錢」，這裡把「情慾」和「女人」連結在一起，表示和情色方面有關係。母親提醒兒子，身為國王，不可在這方面耗費他的精力，也不可為此浪費他的金錢，因為國王的錢是從人民辛苦工作繳納稅金得到的。這位母親會這樣叮嚀，是因為在過去「這種事曾經毀滅了君王」。

　　其實這種事就曾發生在所羅門王身上，他共娶了七百個公主，以及三百個妃嬪（參考列王紀上11:3），總共一千個女人在王宮裡，可以想像這樣只會荒廢國政而已。聖經作者說這些女人引誘所羅門王在晚年時離棄了上帝。後來以色列人經過在

巴比倫當奴隸的痛苦經歷後，重新立法規定，國王不可以有許多后妃（參考申命記17:17）。

接著，這位母親勸誡兒子說「不可喝酒，不可貪杯」，這指的是酗酒、醉酒。〈傳道書〉（訓道篇）作者就曾指出，不僅是國王，宮廷大臣若是酗酒、貪杯，也一樣會誤了國家大事（參考傳道書10:16-17）。這裡說國王喝醉酒，就會「忘記國法」，也會「忽略窮苦人的權益」，這樣的國王就不會是個好國王。從這段話可看出這位母親是很有智慧的，因為只有這樣，才能使國家有公義可言，使生活在困苦中的窮人感到生命的溫馨，而更愛戴這位仁慈的國王。

接著說「烈酒是給快要死亡、心裡愁苦的人喝的」。古代社會有個傳統，就是被判死刑的犯人，在執行之前，會給他烈酒喝，好讓他有醉意，不會怕，痛苦的感覺也會降低。也有人認為，耶穌被釘十字架時，有人拿「浸了酸酒的海綿」給他（參考馬可福音15:36；約翰福音19:29）也是類似的用意。

接下來，是評鑑一個領導者是否有做好的三項準則：

第一，要替不能為自己說話的人發言。這意思就是要為弱勢者講話。這裡所謂「不能說話的人」，就是極其弱勢者，是社會的邊緣人，一再被疏忽的對象。一個好的君王會為這種人「發言」，並且傾聽弱勢者的聲音。這樣的領導者必定是個仁慈的領導者。

第二，維護孤苦無助者的權益。這位母親在前面就勸勉過兒子，要維護窮苦人的權益。這裡所謂「孤苦無助者」，是指孤兒、寡婦、窮人，或是身體殘障而無法工作者等，這種人在任何時代都是弱勢者，他們的權益也最容易被忽略，甚至被剝

削、侵佔。身為擁有權柄的君王，要主動替這種人「辯護」，維護他們的權益，這樣才能算是好的領導者。

第三，**按正義判斷他們，為窮困缺乏的人伸冤**。正義、公義代表著上帝的形像和特質，也是上帝揀選的僕人應該有的使命和責任。而國王，就是上帝揀選的僕人，在聖經時代有一種看法，只要是上帝的僕人，他的權柄來自上帝，所以更應該這樣做，因為這樣才能彰顯上帝的形像和特性（參考創世記18:19；詩篇9:4、9:8、50:6、96:13、99:4；以賽亞書1:17、5:16；耶利米書9:24、11:20）。

從以上的經文就可看出，這位母親在勸勉她當國王的兒子所該注意的事，也非常適合今天的領導者，不論是用於國家社會、公司企業，這樣的智慧都值得注意、學習。

DAY 90 讓丈夫疼若珍寶的賢慧妻子

〈箴言〉第31章10至31節

賢慧的妻子哪裡去找！她的價值遠勝過珠寶！她的丈夫信賴她，絕不至於窮困……她知道自己所做每一件貨品的價值，往往工作到深夜……她樂意賙濟窮苦人，伸手救助貧乏人……她堅強，受人敬重，對前途充滿信心。她開口表現智慧，講話顯示仁慈……她所做的事都有價值；她應當公開受讚揚。

這是一首非常特別的詩歌，也可以說是整本聖經中，唯一在稱讚才德婦女的詩歌。

放在一百年前來看，或許有人會說這是只有「仙女」才能做到的事。但今天的時代，能力傑出的女性很多，特別是歐美各國，在政治、經濟、軍事、科學、文化等方面表現優秀的女性領導者一大堆，已經不再是什麼希罕的事。

但我們知道在聖經時代，特別是在以色列文化中，婦女的地位相當低，連計算人口都不把女性列入，族譜也不列婦女的名字，聖經中若有出現婦女的名字，都是有特別故事可說的才會列入。直到以色列人幾次遭遇滅族的危機，才改變了規定：以色列人的女性，無論嫁給什麼族群的人，生下來的孩子都算是以色列人。而男人必須是娶以色列女人為妻，生下來的孩子才算，否則都要經過祭司檢驗合格才行。

聖經時代的以色列人幾乎都是務農，而婦女也是扮演農婦

的角色。但這段經文所描繪的「才德婦女」，卻是很會「經商」的婦女，這也顯示出她的特殊性。而且這位婦女不僅善於經商，且會輔佐丈夫和教養孩子，又關心社會的貧困者，幾乎是十全十美，是〈箴言〉所敘述的「智慧」代表。

這裡開始就說「賢慧的妻子」，這「賢慧」一詞也可以表示「有勇氣的強人」，說明一個很有智慧的女人，身上一定有一股力量，這種力量表現在品格上，是一種令人感佩、甚至心生敬畏的力量。然後說這樣的女人「價值遠勝過珠寶」，因為智慧本身就比財富更貴重，這樣有智慧的妻子當然就更是珍寶了，也因此她的丈夫「絕不至於窮困」，她也值得丈夫「信賴」，不用擔心放在她手中的家產會出問題，導致家計陷入困境，她也會「一生使丈夫受益，從來不使他有損」。

這種賢慧妻子的特質，就是「辛勤」工作，天未亮就起床做事，經常「工作到深夜」才休息，這和前面一再說過的懶惰人可說是大不相同。而且，她知道怎樣用羊毛織衣、怎樣用麻紗製衣，不但讓一家人穿的、用的都不缺，還足夠賣給商人，然後把「賺來的錢購置田地」，用來「經營葡萄園」。即使已經這樣忙碌了，她還把身體鍛鍊得很「健壯」，因此從不怕繁重的工作。

更令人敬佩的是她充滿愛心，「樂意賙濟窮苦人，伸手救助貧乏人」。她不是守財奴，而是知道體恤困苦者的需要。這也表示她和上帝的關係很緊密，因為會賙濟窮人，等於借錢給上帝一樣（參考箴言19:17），會得到上帝更多的賜福（參考14:21、22:9）

因為和上帝關係緊密，誠實便成為她經商最好的記號。她

知道「自己所做的每一件貨品的價值」，表示她不會隨便欺騙顧客，也不壓低價錢和別人競爭。跟她往來的人都會發現，她開口講的話，都是滿有智慧的話語。不但如此，因為有上帝當她最好的倚靠，人們跟她在一起，也都會感受到一股「充滿信心」的生命力，也因此，她在商場就相當「受人敬重」。

這樣的女性，她的「兒女敬愛她；他的丈夫稱讚她」，她的丈夫說：「賢慧的女子不少，但你遠超過她們！」〈箴言〉作者也在最後下了結語：「嬌豔是靠不住的，美容是虛幻的，只有敬畏上主的女子應受讚揚。她所做的事都有價值；她應該受公開讚揚。」

伸出你的手
為生命灌注愛與意義的33堂課

盧俊義 著
定價340元

**在別人的生命足跡裡，
探尋屬於自己的美好價值。**

本書收錄了盧牧師親身經歷的故事。有深愛著癌末妻子的卡車司機，以溫柔的歌聲安慰妻子，感動全病房的人一起合唱的故事；有盧牧師幫忙陳情，讓受刑人終於得到機票，可以回家向家人祈求原諒的故事；甚至有盧牧師在國外因為沒人發現，而陷入「要不要逃票」的軟弱心路歷程……透過這些人的故事，帶領我們找到點亮生命價值的那道光。

這些人，這些事
用生命疼惜台灣的「愛的守護者」

盧俊義 著
定價350元

**令人難以想像的犧牲奉獻與真情大愛
民視《台灣學堂》觀眾感動好評！**

很多人不知道，有一群人默默為台灣奉獻了一生，他們當中，有的行醫，有的辦學校，有的關懷孤苦，有的照顧原住民……盧牧師一一記錄了這些感人的事蹟。本書收錄了25個精彩、感人的故事。這些人留給台灣的是永遠的生命記憶，也是我們永遠不能忘懷的真誠之愛。希望藉著這本書，將他們的無私與大愛一代代地傳遞下去。

國家圖書館出版品預行編目資料

箴言智慧書：一天一篇，90天掌握一生的處世智慧 / 盧俊義著. -- 初
版. -- 臺北市：啟示出版：英屬蓋曼群島商家庭傳媒股份有限公司城
邦分公司發行, 2021.08
面；　公分. -- (智慧書系列；19)

ISBN 978-986-06390-8-7(平裝)

1.箴言　2.注釋

241.37　　　　　　　　　　　　　　　110010847

智慧書系列019

箴言智慧書：一天一篇，90天掌握一生的處世智慧

作　　　者／盧俊義
企畫選書人／彭之琬、李詠璇
總 編 輯／彭之琬
責 任 編 輯／李詠璇

版　　　權／黃淑敏、江欣瑜
行 銷 業 務／周佑潔、黃崇華、華華、賴正祐
總 經 理／彭之琬
事業群總經理／黃淑貞
發 行 人／何飛鵬
法 律 顧 問／元禾法律事務所王子文律師
出　　　版／啟示出版
　　　　　　台北市南港區昆陽街 16 號 4 樓
　　　　　　電話：(02) 25007008　傳真：(02)25007759
　　　　　　E-mail:bwp.service@cite.com.tw
發　　　行／英屬蓋曼群島商家庭傳媒股份有限公司城邦分公司
　　　　　　台北市南港區昆陽街16號8樓
　　　　　　書虫客服服務專線：02-25007718；25007719
　　　　　　服務時間：週一至週五上午09:30-12:00；下午13:30-17:00
　　　　　　24小時傳真專線：02-25001990；25001991
　　　　　　劃撥帳號：19863813；戶名：書虫股份有限公司
　　　　　　讀者服務信箱：service@readingclub.com.tw
　　　　　　城邦讀書花園：www.cite.com.tw
香港發行所／城邦（香港）出版集團
　　　　　　香港九龍土瓜灣土瓜灣道86號順聯工業大廈6樓A室　E-mail: hkcite@biznetvigator.com
　　　　　　電話：(852) 25086231　傳真：(852) 25789337
馬新發行所／城邦（馬新）出版集團【Cite (M) Sdn Bhd】
　　　　　　41, Jalan Radin Anum, Bandar Baru Sri Petaling, 57000 Kuala Lumpur, Malaysia.
　　　　　　電話：(603) 90563833　傳真：(603) 90576622
　　　　　　Email: services@cite.my

封 面 設 計／李東記
排　　　版／極翔企業有限公司
印　　　刷／韋懋實業有限公司

■ 2021 年 8 月 24 日初版　　　　　　　　　　　Printed in Taiwan
■ 2024 年 7 月 2 日初版 3.5 刷
定價 360 元

城邦讀書花園
www.cite.com.tw